シルクロード
女ひとり旅日記

河村珠江
Tamae Kawamura

文芸社

まえがき

一九八九年八月末日上海《しゃんはい》、翌九月一日、待ちに待った西安《せいあん》に舞い降りた。三十九歳夏、太極拳を学んで十年余。〝気功〟なるものを知り、日々東洋医学に対する思いが激しく湧きあがり〝気功〟とはいったい何ぞや、その一心で下調べをするでもなく、誰一人相談するでもなく、知る人一人いない、ただ単純に行けば、とにかく行けばどうにかなる。私の全ての財産を首にぶら下げ、後先何も考えず中国二千年の古都、秦始皇帝の国〝長安《ちょうあん》〟に向かった。こんなクソ度胸、良くいえば勇気、挑戦心、悪くいえば無謀極まりない、信じられないようなことを実行した私自身に驚いている。

「天は我を見放しはしなかった」。どこかで聞いたような〝ことば〟だが、もしかして四《し》国遍路《こくへんろ》同行《どうぎょう》二人《ににん》、空海阿闍梨《くうかいあじゃり》が私の隣に寄り添ってくれていたものか、大当たりの縁をいただいた。素晴らしい気功法「導引吐納気功」に巡り合えた。願いが叶った。大きな幸せを感じつつ、雨の日も風の日も雪の日も四〇度を越える強烈な暑さの日も、くる日もくる日も朝に昼に夜に練功を重ねる中、ある計画を立てた。西安を起点に東西南北、中国全土を自分の足で歩く。この一冊が私の中国最長旅日記、シルクロード女ひとり歩記《あるき》である。

シルクロード　女ひとり旅日記◆目次

第二章　新疆ウイグル自治区　64

シルクロード　女ひとり旅日記

第一章　甘粛省《かんしゅくしょう》

一　直快一四三次　西安―武威《ぶい》

向かいの中鋪《ちゅうほ》（寝台車の中段）に寝ていた肉饅パパのバカデカイ話し声で目が覚めた。一九九一年七月五日午前七時三十分。下鋪でどんと横たわったまま、まだ重たい瞼を左手でこすりながらエビのように曲げた身体をおそるおそる伸ばしつつ、右手は半分枕がわりに窓側頭上に置いたさほど大きくない黒カバンのチャックをさぐりあて、我が荷の安全無事を確認している。これは中国火車《かしゃ》（汽車、列車のこと）一人旅を重ねる度に、知らず知らずのうちに身に付いた私だけの習慣だ。足下通路側の車窓には、鉛色の分厚い雲が手を伸ばせばすぐ届きそうなところまで重く低く垂れていた。「こりゃあ、ひと雨くるわい」ぶつぶつ独り言を言いながら、身体を覆っているやや薄めの毛布を床に落とさないように、じわじわ手繰《たぐ》りよせ、すぐ真上にある中鋪で頭を打たないようにゆっくり起き上がり、寝ぼけ眼《まなこ》のままに左車窓に目をやった。

「ウォー！　キレーイ！」

声にならない声を胸のうちで大きく叫んでいた。麦だろうか、なだらかな丘陵に緑の濃淡の畑が幾重にも重なって、その間には菜の花の真っ黄色がひときわ映えて、絵の具を流したような鮮やかなモザイク模様が車窓を埋め尽くしている。自然が創り出す一枚の絵がそこにあった。子供の頃に見た、蓮華草《れんげ》のピンク、菜の花の黄、麦の緑、色とりどりの絨《じゅう》毯《たん》の上で、寝転がったり、かくれんぼごっこにままごとあそび……、ふと懐かしさがこみあげウルウル。しかし、西北方から湧き起こった暗雲がそろりと私だけの絵を灰色に染め始め、広く大きな青い空はみるみる隠されてしまった。

昨日、七月四日午後八時半頃、蘇さんが私の荷を持って乗り込んでくれた。彼は私が西安で知り合った田中さんの友人。田中さんも、同じこの火車で西へ旅するというので、蘇さんは西安駅に見送りにきていたところを紹介されたのだ。とても助かった。というのは、中国の駅での火車乗り込みは、大袈裟《おおげさ》かもしれないが大都会の通勤ラッシュにも似て、おまけに大小さまざまな荷を二つ三つはザラ、かすり傷の一つや二つはあたりまえという状態だから、実に有難かった。彼は私の車票（乗車券）に書き込んである四号車十五号硬臥《こうが》下舗《かほ》（三段ベッド寝台車の下段）へ荷を運んでくれ、すぐ別の号車に乗った田中さんのところへとって返した。きっと友との別れを惜しんだに違いない。

「謝謝！」

「不客気、一路平安！（どういたしまして、道中ご無事で）」の言葉を最後に私は彼に会ってはいない。

ホームでは移動売店とでも言おうか、リヤカーの荷台に飲み物・菓子・果物・パン・弁当などを山積みして、売り声をあげながら行き来している。見送りの人がそこここで窓ごしに言葉をかわしたり、飲み物や食べ物を手渡したり、小さな赤ちゃんを抱いてバイバイしたり。荷物を窓からせっせと積み込む人もいる。通路はワイワイガヤガヤ、まだまだ賑やかに旅人たちは行ったり来たり。硬臥・硬座・餐車《ツァンチャ》（食堂車）を備えているこの十六車輛編成の火車は、直快一四三次午後八時五十四分西安発ウルムチ・コルラ行き。定刻に西安駅を滑り出した。まだ陽の落ちない西安城壁を左方に見ながら。

対面十六号臥舗には五、六歳の男の子を連れた中年夫婦、パパは、名前を忘れてしまったが昔東映時代劇華やかかりし頃の悪役にとてもよく似ている。三蔵法師《さんぞう》のお供、猪八戒《ちょはっかい》はこのパパみたいじゃないかな、内心ごめんなさいを言いつつ、何故か嬉しかった。さしずめママは玄奘《げんじょう》三蔵、大切な一人息子は孫悟空《そんごくう》、人民幣一元五角（日本円約二十七円）で散髪したカッパ頭に日焼けした黒光りの私は沙悟浄《さごじょう》、中国語では沙和尚《さおしょう》。ということは、彼は僧侶？　役者は揃った。いざ遥か西域へ、申し分のない旅立ちだ。

ママがニコニコ顔で窓際から突き出た小さなテーブルに菓子や果物、ミネラルウォーター、炭酸飲料を並べながら、

「どこまで行くの？」

「武威まで。あなた方は？」

「私たちは終点近くまでよ」

　私も持ってきた梅干し入りおにぎり二個と友人にもらった美味しいと評判の鹹鴨蛋《シェンヤータン》（塩漬けのアヒルの卵）一個、それに旅する時の愛用品・青色プラスチック水筒のフタコップに茶葉を入れ、テーブル下に用意されている魔法瓶の湯を注いでしばらく待つ。これで、夕食準備オッケー。通路を行き来する人々も少なくなり、車内のざわめきも一段落。香ばしい匂い、飲み頃の色あいになったところで中国式茶飲み法で一服。普段より遅い夕食をとって横になった。外はいつの間にか陽が落ち、黒一色、何も見えない。午後十時半をまわっていた。

　前日、三日の夜は、待ちに待った西域一人旅の始まりを控えて、いささか緊張し、興奮のまま少々睡眠不足気味。いま火車の心地好い揺れリズムが揺り籠のように、私を夢の世界へと誘う。

　いつの間にか眠ってしまったらしく肌寒さを覚えて目が覚めた。夜中三時、車内はうすぼんやりの灯り、乗客のほとんどが眠りについている。一人二人寝つけないのか、窓際の折りたたみ式の小さな椅子に腰かけ、背を丸め煙草をふかしている。ゆらゆら上る白い煙を横目に、備え付けの薄めの毛布を被《かぶ》ってまた横になった。

脳覚ましにコーヒーを飲むことにした。瓶入りのインスタントコーヒーと粉末のコーヒークリームをナイロン袋に入れ、かさばりをなくして持ってきた。私の中国旅七ツ道具の一ツ、スプーンを取り出して備え付けのテーブル下の魔法瓶の熱い湯を注ぎ、残しておいた鹹鴨蛋一個で簡単にモーニング。

午前八時十五分、定西《ていせい》駅に着いた。蘭州《らんしゅう》の一つ手前の駅だ。西安を出て十一時間余。火車は〝キィーン〟と甲高い音とともに不思議とゆっくり止まった。するとどこからともなく窓外下にかなりの数の人が集まってきて、乗客に何かを訴えるかのように一斉に手を差し出してきた。線路上から、精一杯手を伸ばしている。大人、子供、男もいる、女もいる。これはいったい何？　何事が起きたのだろう？　彼らは何を言っているのだろう？　とにかく今までの中国旅では出会ったことのない光景だ。私はただ訳が分からなく、彼らをじっと見つめていた。すると、あちこちの車窓から物をポンポン投げ捨て始めた。白く薄い発泡スチロール製の駅弁、車内の弁当用の器が多い。車内では、「ゴミはまとめてゴミ箱へ」のアナウンスが流れるし、長旅になる中国では車内の清掃は時間がくれば大きなゴミ袋を持ったり、ほうきやチリトリ、長い棒の先にぬれ雑巾をつけたモップ様のものなど、それぞれの係員が清掃してまわる。なのに、変だ。どうして？　癖の悪い人はどこにでもいるもんだ。

分かった。やっと、分かった。彼らは投げ落とされた軽い白いふたつきの器にいち早く駆け寄り我先にと、その周囲に散らばった乗客食べ残しのごはんやおかずを石ころの間から拾い集め、口を歪《ゆが》めて頬張っている。「エッ！」と、驚きの声をのみこんでしまった。一瞬、見てはいけないものを見てしまったような、脳天をハンマーでガンと一発くらったような、震度七、八の激震ショックを受けた。胸の鼓動が大きく速まるのを覚えた。七、八分の停車時間がとても長い時間に感じられる。早く発って！　早く！

ポツリポツリ、小さな雨が落ちてきた。目の前に座っていたママが狐につままれたような顔をして、バタバタ何やら捜し始めた。

「ない！　ない！　ほんとにない！」

「何がないの？」

「ケーキ」

「？？？」

「誰かに取られた」

「？？？」

私は言葉が出ない。そういえば昨日、ママが窓際テーブルに菓子袋を置くのを確かに見た。気まずい時間が流れた。ママは「仕方がない」と小さく呟《つぶや》いて、それ以上は何も言わなかった。が、ずっと目の前にいた私の方が気分が良くない、イヤーな感じ。

雨の降り様がだんだん強くなって、二十センチほど開けていた窓からパラパラ音をたてて降り込んできた。私は慌てて窓両端のつまみを押さえて「バタン!」。セーフ。

大粒の雨の中、火車は次の停車駅、蘭州へ向けてゆるゆる走り出した。雨にけむる窓に映るのは、取り入れを待つ、黄色く色づいた麦。野菜畑はほとんど見えない。ところどころに、白く埃《ほこり》をかぶったような土色の平らな屋根の四角い家。風避《よ》け、砂避けのためか、二メートルを越すような高い土壁がその家を取り囲んでいる。かなりきつい風が吹くのだろう、暴風砂林ならぬ暴風砂壁かな? こんな人里離れた寂しい寂しい畑の中の一軒家、まさか泥棒避けでもあるまい。墓らしきものも、そこここに点在している。

唯一の友、西域案内本を開きながら、私の西域最初の一歩、武威に着いたら……と、「しまった! 忘れた!」。そんなに慌てて出てきたわけでもないのに、愛用の麦藁帽子《むぎわらぼうし》、砂の大地目指してひたすら歩く旅なのに、一番大切なもの、なくてはならないものを忘れるとは。まぬけな自分を叱りつつ、今日からの数十日、全てのことに要注意。「ヨーシ」のかけ声で発破《はっぱ》をかけた。

雨は激しさを増し、外は天地がぼやけたひと色になってきた。午前十時三十分。あと十分ほどで蘭州。蘭新《らんしん》・蘭彊《らんきょう》線の九十ページ時刻表を開いたその時、私の上の臥舗に寝ていた白人男性二人が続いて梯子段を下りてきた。いかつい体格の青年、二人とも一メートル八〇はありそうだ。彼らはタオルを首に巻いて通路を歩いていった。

中国の寝台車は軟臥・硬臥があるが、直快一四三次には硬臥しかない。私は長旅の時はいつもこの硬臥を買う。一つには、できる限りの節約、一つには大中国の人々の生活に我が目我が耳我が身体で直にふれることが目的だからだ。

中国でのチケット購入には一苦労も二苦労もさせられる。毎日、チケット売り場の窓口には沢山の人が列をなしている。しかし、一日中並んでも手に入らないことがある。その時は気を長くして、翌日も並ぶ。軟臥は結構容易《たやす》く手に入る。これは日本でいうグリーンで、値段は硬臥の二倍近く要る。硬臥は上・中・下臥舗の三段、私は何かにつけ便利な下が好きで、いつも下を指定する。始発だとよほどのことがない限り、たいてい自分の希望通りの下が手に入る。

しばらくして通路を戻ってきた二人が急に中舗の端を、ベッドが軋《きし》むほどにバンバンと叩きながら大声でわめき始めた。誰に向かうともなく周囲にいる我々皆に。一瞬、何事？と思う。「英語」だろうとはなんとなく分かるのだが、何を言っているのかサッパリ？白い顔を真《ま》っ赤《か》にして、興奮しているというより、何かに腹を立て頭に血が上っているように見える。彼らの言葉を理解している者は誰一人いないようで、皆、訳が分からなくキョトンとして二人を見ていたが、あまりにガミガミ言うので横を向いて知らん顔、見て見ぬふり。二人は誰も自分たちの言うことを分かってくれないので、ますます怒り心頭、ついには身振り手振りも大きくまくしたてている。私は内心、言葉のできない申し訳なさを感じつつ、二人のしぐさをじっと見ていた。とにかく怒っている、怒りは頂点に達している。

　怒りの意味がやっと分かった。車内食に、と火車に乗り込む前に買い込んだのだろう品々が見当たらない。何一つ残らず、消えてしまっている。彼らは火車に、私より後から乗り込んできた。ナイロン袋からアレコレ取り出して私の目の前の小さなテーブルに一つ一つ、売り物のように並べ置いた。それを見て、私は彼らが中国を旅慣れているように思った。焼餅というのか小麦をパン様に焼いたもの数個、サイダー、ミネラルウォーター、メロンも一個、小さなテーブルは溢れんばかりにいっぱいになった。私も愛用青色プラスチック水筒に湯を入れて置いていた。

　ママと同じことになった。やっぱり誰かに持っていかれたのか？　しかし不思議なことがあるものだ。他のテーブルにもいろいろ沢山のものが置いてあるのに、このテーブルだけなくなるというのは、もしかして、他のところでもなくなっているのかも？　二人はどうしようもない、やり場のない怒りを腹に収め、無言のまま、上、中舗にそれぞれ横になった。私は気分が今いち、モヤモヤ……。

　午前十時三十七分、蘭州定刻到着。外はどしゃ降りの雨。中舗から長い足が目の前に垂れ下がってきた。私は顔に当たりそうになるのを上手く避けて座り直した。硬臥に乗るとよくあること。梯子段を使わないで直接下舗に足を下ろす人もいる。

　二人は蘭州のホームでパンと飲み物を買って食べながら戻ってきた。その顔はもう怒りのない、とても優しい笑顔になっていた。

右に黄河を眺めながら一路西へ。向日葵《ひまわり》畑がやたら目につく。まだまだ蕾《つぼみ》。モモの木やナツメの木も多い。それに野菜畑が増えてきた。キャベツ、ナス、ソラマメ、二、三十センチにのびた長いマメ。

正午を過ぎた頃、雲間から青空がのぞきはじめた。今までの大きな雨はどこへ流されていったのか、見る間に広く大きな空は、きれいな水色になった。

十二時十五分、上石圏《シャンシーチュエン》駅通過。樹一本生えていない赤茶けた岩山が遠くに続く。線路際にはナシ？　リンゴ？　ピンポン玉くらいの幼い実をたわわにつけた果樹園が続く。

午後三時四十五分、少し遅れて打柴溝《ダーチャイゴウ》に停車。対面の上舗に寝ていたおじさんが梯子を下りてきて、下舗に座った。いつも下舗には、上・中・下の人が座るので昼間なかなか下舗を一人で占領できないのが玉にきず。東北出身だというおじさんは苗字を夏といった。夏さんは、「ここから徐々に上り坂で約二時間とろとろ上っていく。ここを烏鞘嶺《ウシャオリン》といって海抜二八〇〇メートルある。写真に撮っておくといいよ」と、私に丁寧に説明してくれた。私はその言葉通り、窓から数枚の写真を撮った。いくつものなだらかな山々が、さざ波のように連綿とつながって、その間をぬうように右へ左へカーブを描きながら火車は走る。平地が開け、緑と黄のモザイク模様が窓外に戻ってきた。その間をすいすい擦り抜けていく黒い十六輌火車の列は、大海原を行くクジラの大群にも似て豪快だ。羊や馬が群れて自然を喜びのんびり草を食《は》んでいる。こんな光景を前にしていると、自分がどこで何をしているのか、頭の中は無色透明、何もない。時の流れが全く止まってしまった感じ。のどかすぎる。平和すぎる。

ウトウトしてしまった。平らな乾いた土色の屋根が数を増した。次の停車駅は武威の町。私の夢の西域第一歩、胸のざわめきは止められない。難を逃れた青色水筒は、ちゃんと忘れないようにリュックサックにしまった。いつも腰に巻き付けているウエストポーチ、それに一番大事な二十四時間肌身離さず首からぶら下げている小袋、持ち物チェック全てマル。あとは車掌《しゃしょう》が私の車票を持ってきてくれるのを待つだけ。その引き換えカード準備マル。中国では火車に乗り込む時、車掌が乗客の車票を確認して乗客が火車を下りるまで車票を預かってくれる。その時引き換えカードを渡される。

武威到着五分前、車掌が車票を持ってきた。さあ、いよいよ武威だ。私はリュックサックを背負い、ウエストポーチを腰に巻き、左手に黒カバン、右手に車票、勿論《もちろん》Tシャツ内の胸にあるぶら下げた小袋はしっかりさわって、たった一日の旅の友に「さよなら、再見！」別れを告げた。

西安—武威　九七九キロメートル、二十三時間余、六十六元。

二　オアシス　武威

七月五日午後八時十分、武威到着。

黒の半袖Tシャツ、グレーのダブダブ綿パンツ、素足に五元で買った黒い男性用布靴。緑少なく土色にくすんだ町、人々は疎《まば》らで静かな町、音のない小さな町、武威。心ウキウキ胸ワクワク、最初の一歩を踏みしめた。

太陽はまだまだ西にあって眩《まぶ》しく私を照らす。駅を出て、とにかく地図を買おうと売店をさがしたが見当たらない、たいてい駅には小さな売店があって地図をぶらさげているのに。仕方ない、とりあえず今夜の宿だ。何せ、行き当たりばったりの一人旅、やはり気がかりの一番は宿。駅を背にすぐ左側に一軒の飯店（ホテル）が目に入った。駅に近い方が何かと便利と容易く飛び込んだ。武威西涼《せいりょう》飯店。身分証明書を見せて言われた料金を支払うと領収書を書いてくれた。一泊十四元、ツインルーム。おまけに珍しいかな一元二角の食事券がついている。四階の部屋に入ると驚き、もものき、なんとこれまたバスルーム付きだ。

部屋に黒カバンだけ置いてすぐ一階へ舞い戻り食堂へ。たった今もらった食券を一枚出すと、「夕食時間はもう終わったよ」の言葉にガクン。昼食ぬき、八時半をまわってペコペコ腹を抱《かか》えて外へ出た。みるとすぐ近くに小さな飯店の二文字が目につきアレコレ考えず飛び込んだ。先客が一人。とりあえずメニューを見てご飯と茄子《なす》炒めを注文、隣のテーブルに座っていた先客、かなり酔っぱらっていてやたら私に絡んでくる。

「どこの人間か？」

三回続けざまに聞いた。酔っぱらいは日本も中国も同じだ、と思いつつ、出されたご飯と茄子炒めをただ黙ったまま口に運んだ。

まずい！ とにかくまずい！ これは何だ！ 腐ってる？ 私はとりたてて好き嫌いもなく贅沢《ぜいたく》もなく酸苦甘辛鹹《さんくかんしんかん》たいていのものは残さずいける口だ。何とも表現し難いこの茄子炒め、貧乏旅の私にとってこのうえなく勿体《もったい》ない一食なのだが、長居は無用と席をたった。

部屋に戻った。一風呂浴びてリラックスリラックスとシャワーの蛇口を捻《ひね》った。待っても待っても湯が出ない。……やっぱり。仕方なく水シャワー。

暗くなっても相部屋になる人が入ってこない。今日の泊まりは一人かな？ とドアを見つつ、眠ってしまった。腰から外したウエストポーチは枕の下、小袋はちゃんと首からぶらさげたままで。

七月六日午前七時起床。朝食をとりに食堂へいくと、まだ準備中、八時過ぎからと言う。

待つことには慣れっこになっている。あまり苦にならない。中国で学んだこと、その一、待つこと。待っている間に今晩の宿泊料十四元を支払った。待つこと一時間余、やっとご飯らしいご飯にありつけた。お粥《かゆ》だ。中国の朝食はお粥と中国漬物が多い。胃にやさしい「お粥」は最高だ。

九時をまわった。

北へ歩いて歩いて西大街の大通り、泥土とワラをこねてつくった四角い土色の凸凹《でこぼこ》のない家が立ち並ぶ。所々にきれいな白壁に塗った家もある。取り壊しの運命にある家なのか、大きな「拆」字が印を押したように壁に書いてある。

大きな大きな太陽が痛いほど強く私の身体を包み込む。

武威の中心、大什字《だいじゅうじ》に着いた。銀行や郵便局、人民広場がある。広場中央の「馬踏飛燕《ばとうひえん》」像がめだつ。緑が少ない、木陰がない。その割に帽子をかぶっている人がいない。暑さにやられないんだろうか？　日除けの場がないこの日射しの中、人々は何をするともなくのんびり座っている。

とにかく麦藁帽子。でないと参ってしまう。ウロウロ歩いて見つけたのはいいが、ヒモがついてない。今度はヒモ探し。ヒモらしいヒモが見つからない。そこで探しあてたのが茶色地に白水玉模様のリボン。少々不釣合と思ったが、早速七ツ道具の針で麦藁の隙間に突き刺した。風にもっていかれないように。おかまいなく照りつける強烈な日射しも、これで一安心。

さあ歩くぞ。北大街の大通りを北へ少し行くと、名僧鳩摩羅什《くまらじゅう》を記念した羅什寺塔が見えてきた。この塔まで行こうとしたが、どこからどの道から入ればたどり着くのか、周囲をぐるぐる二回、三回と回った。すぐそこに塔があるのに、塔の上層部六、七層が見えるのに、どこをどう行っても、どこをどう探してもたどり着けない。？？？　どうやら武威人民法院と検察院の門を入るしかない。勝手に入っていいものやらどうやら。

しばらく門の前を行ったり来たり。意を決して門のそばに立っている人に塔の参観可能や否や尋ねた。曰く「塔は未開放、ダメ！」やむを得ない。古き唐代の塔は残念ながらここ法院門前からただ眺めるだけとなった。

北大街を北へ北へと歩く。右手に寺らしきものが見えてきた。清代の寺院〝雷台《れいたい》〟だ。地下には漢代の墓がある。そこに続く小道は道路補修のせいか、白煙がモウモウ、機械類は一台もなくリヤカーに手作業用の道具、数人が乾いた土を掘り返していた。土埃にまみれながら赤茶色の濃い雷台の門をくぐった。清代のものらしくさほど古さを感じさせない。鮮やかな青や緑が私を贅沢な清代に誘い込む。清代の余韻を残しつつ漢代の地下墓へ。低い墓道を進むと外の痛いほどの暑さがウソのように、ヒヤリ鳥肌の立つ身震いする寒さを感じ透き通った氷の世界に迷い込んだ気がした。墓中央の丸い天井に描かれた大きな花びらが二千年の時の流れを語るかのように不気味に美しかった。武威の町シンボル、人民広場に立つ像「馬踏飛燕」の青銅像はこの墓から発掘された。残念ながら実物は蘭州甘粛省博物館にあり、ここでは見ることができなかった。「飛燕をしのぐ馬」必ずや蘭州でお目にかかりたい。

　太陽が高くなった。歩く路々《みちみち》、木陰一つなく照り返しがきつい。東街集貿市場の自由市場を通り過ぎ、日干しレンガを高く積み上げた泥土壁が遠々続く。

　大雲寺《だいうんじ》に着いた。門は小作りだが境内は広くゆったりとして、きちんと掃除がゆきとどいている。二階建ての立派な鐘楼が青空に突き出て、平らな土色一色の小さな武威の町を見下ろして堂々としている。

　私は楼上へ一気に駆け上がり、ぐるり三六〇度オアシス武威の町を目にコンコンやきつけた。乾いた泥土が光る町、静かでのどかで音一つない、ただ頬なでる優しい風が時間を運ぶ。

　数人の中国人観光客と出会った鐘楼をあとに、今度は南へ南へ。途中、自由市場で見つけた糯米《もちごめ》ご飯をほおばりながら文廟《ぶんびょう》に到着。

　文廟は百数十年前、明代の建物だ。なんと朱赤の美しい。落ち着いた品の良さを感じさせ、キレイな緑色が朱赤を一層ひきたてている。門の両脇に咲く桃色の夾竹桃《きょうちくとう》が愛らしい。ジンギスカンによって滅ぼされた遊牧の民、西夏《せいか》の国は今から八百年の昔、跡形もなく砂に消えてしまった幻の国。ここに西夏国の碑がある。特に西夏文字は漢字をより複雑にしたようで現在の簡体字とは正反対、とても興味深い。以前、運命に翻弄されその命を終えた西夏国の姫の映画を見たことを思い出した。夢トンネルを通り抜け、いくつもの世紀を越えていろいろな時代へタイムスリップ、怒喜思憂恐、そこに生きる人々が見えてくる。透明人間になった私は、し・あ・わ・せ。

南大街の大通りに出た。そこから今度は南へ南へ。少し歩くと、高さも幅も十メートルはありそうな巨大な泥土壁が南大街を挟んで左右に分かれて、というより巨大壁を鋭利な刃物でザックリ切り取って南大街の大通りを作ったようだ。「ビックリしたなあ、もう」である。思えば勿体ないこと。旧南大門跡とある。

西へ折れて、ぶらぶらキョロキョロ長距離バスターミナル前を通って宿へ戻ってきた。途中九角で買ったスイカ一個抱えて、七つ道具のナイフとスプーンで喉の乾きを癒し、明日、張掖《ちょうえき》へ移動のため早めに休むことにした。勿論、今日の夕食はバッチリ。

三　直快二四三次　武威―張掖

七月七日午前七時起床。鼻をかむと鼻血が少し。疲れているのかな？　それとも昨日のアッチッチな武威の太陽にやられたのかな？

荷物の整理をして、駅まで一っ走り、駅に向かって右側に售票処（切符売り場）があり、直快二四三次蘭州発ウルムチ行き、八時四十三分武威発張掖までの切符を買った。十二元。これは硬座といって一般座席。

切符売り場の駅員の態度の悪さには、いつもながらムッと腹が立つ。どこの駅でも感じること、今日に限ったことではない。腹は立てず横にして、宿に引き返し、八時過ぎからの「お粥」をすすり込み、四階の部屋まで駆け上がる。念には念をいれ荷物チェック、八時二十五分頃宿を出た。駅へは五分とかからない。

駅に着くと火車はもう入っていた。次の夢の町に向かってルンルン気分ですぐに改札、ホームへ出た。ところが予想もしないことになっていた。私の乗る火車はもう一つある向こう側のホームに止まっている。しかし、向こう側のホームへ渡るすべが、どう探しても見渡してもない。ホーム側にない乗車口ドアは当然閉められている。火車に乗るためには向こう側のホームに立つしかない。発車まであと数分、十六輛あるこの長い距離、前に回っても後ろに回っても時間がかかる。どうしよう！　胸は大きく早く高鳴り、気は焦る。近くにいた人に「どうしたらいいですか？」聞くと彼は「火車の下をくぐれ！」と言った。エッ！　そんなこと！　もしくぐっている間に火車が動いたら……という不安が一瞬頭の中をよぎった。が、私は必死、とにかく、いちかばちかで、「くぐれ！」とホームを飛び降り、線路を渡り向こう側のホームの手前側に止まっている火車まで行き、車輪と車輪の間の一番大きな隙間をグンと腰を折り曲げ、潜り込む。頭や背負ったリュックサックを火車の底にボコボコ当て、這うようにして、手提げカバンを少しずつずらしながら、やっとの思いで向こう側のホームと火車の間の狭い隙間に出た。

すぐホームに駆け上がり、ドタバタ開いているドアから飛び乗った。その間一分あっただろうか？　ない。ない。

間もなく火車はゆっくりゆっくり動き始めた。恐怖の緊張から解き放たれた安堵からか手足がブルブル震え、血の気がひいて青ざめた自分を感じ、冷たい汗が湧き出す泉の如くドッと流れた。

今、冷静に振り返ってみると、私があの時たずねた人は駅員ではなかったような気がする。無論、気が動転していた私は、駅員を探す気持ちのゆとりすらなかったことは確かだ。仮にすぐ駅員を見つけたとして、駅員は私にどうしろと言っただろうか？　多分、「十二時間待つと次の火車が来るから」と言っただろう。でも、もしかしたら「くぐれ！」と言ったかもしれない。ありそう。ありそう。

実際、日本で列車の下をくぐるなどしたら、どんな「おとがめ」がくるのだろう。罰金？　それともそれ以上の罰？　よくまあやったものだ。今思い出しても背筋がゾッとする。何はともあれ五体無事だったことに感謝、感謝。

一つ大きく深呼吸して、中に入っていった。珍しいことに、入ってすぐ左側の一席と対面窓際一席が空いていた。私は「しめた！」と心の奥で叫びながら、リュックを背負ったまま通路側の空席に座り、カバンを膝の上に置いた。しかし、前に座っていた男の人が、私が座るのを見るなり「有人《ヨウレン》！（人がいる！）」と一言。やっぱりな！

私は仕方なく立ち上がり、中へ中へ。両側の席を目で追いながら、途中、空席を二、三問いつつ通路を進んだ。

どだい無理な話だ。通路に立っている人がいるというのに、空いている席などあろうはずがない。私は別の車輛に移らず、今歩いてきた通路を引き返し、二席の空席にまで舞い戻ってきた。まだ人は現れず、二つの席は空いたまま。私は空いた席の通路に立った。五分過ぎ、十分過ぎても人が来る気配一つない。図々しいというか、神経図太いというか、諦めが悪いというか、私は手に提げているカバンが重たくて通路側の空席の隅っこに、気持ち気を使いながらそろりと置いた。人が来るまでいいだろう……と。

すると左右の席の二、三人が次々と「後ろへ行け！」「服務員を探して席をとれ！」「臥舗へ行け！」と、命令口調で言いながら私を射るような目で見た。しかし、根性が座っているというか、利かん気というか、負けず嫌いと言うか、何を言われても私はその場を離れず、ただ黙って少々不機嫌にずっと動かないでいた。

横柄な奴らめ、三人がけのところを二人で座り、二人で座る席を一人でのうのうと。コンチクショウ！　こうなったら意地でもここに立ち続けてやるぞ。何とでも言え！

火車はひたすら走る。私はひたすら立つ。どれほどの時間が過ぎたか、私はふと、何かいつもと違う空気を感じた。おかしい！　妙だ！　このスポッと白くぬけた空間はいったい何！　こんなに多くの人が隙間なく通路に立っているのに不思議とこの座席の周囲に一人の人も寄ってこない。

私はドアを入ってすぐ左側通路に立っていた。ドアを背に右側ボックスは男ばかり五人、ここは三人がけだから六人座れる。左側ボックスは私が立っている側の窓際に一人、隣一席は空《から》、対面は男一人がデーンと座っている。

ハタと気付いた。グウェ！　なんとなんと、公安局警察の集団だ。右ボックスの四人と左ボックスの二人は同じベージュの制服を着ている。ただ一人右ボックスの手前窓際のおじさんだけは紺の上下の人民服に紺の帽子、その彼だけがウイグル族、他の六人は漢族にみえた。

なにも好き好んで無愛想でつっけんどんな公安局警察の中にいることはない。そう思ってはみたものの、いや、待て待て、こんな安全なところ、最高の場所じゃないか、やっぱりここにいよう。張掖まで六時間弱、かなりきついが立つことには慣れっこだ。

右ボックスの五人がトランプを始めた。何やら笑いながら楽しそうだ。でも、何かしら相容《あいい》れない。白く冷めた空間に一人立っている自分が、その場に釣り合いがとれないでいるからなのか。さっきまで、何くそ！　この公安野郎！　と大きく構えていたのに、だんだん身体が小さく固まっていくのを感じていた。

窓の外は晴れ渡った青空がどこまでも続き、所々、いろんな形をしたモコモコ白雲が現れては消えていった。

左ボックス対面の公安が私に「どこから来た?」と聞いた。私は「日本から」と答えた。黒の半袖Tシャツ、赤の膝下までの綿パンツ、黒布靴、柄の大きな麦藁帽子、背にリュックサック、腰にウエストポーチ、手提げカバン。一見して中国人でないことは、すぐ分かる出立ちだが、たいてい私は日本からと言わず、「西安から」と答えることにしているが、それも時と場合。

その公安が、窓際の公安に「荷物を置いておくのなら、上にあげて自分が座ればいいのに」と話しかけた。すると、窓際の公安が私に「カバンを網棚に上げて座ったら」と言ってくれた。しかし網棚は荷物でいっぱい。「置く場所がない」と言うと、彼は「かまわない、その上にのせろ」と言うので、私は言われるままカバンを網棚の荷の上に重ねようと持ち上げると右ボックスにいたメガネをかけた丸顔、目パッチリ、やや太めの三十代半ばの公安が、親切に私のカバンを棚にのせてくれた。私は「謝謝!」を連発、申し訳ない気持ちになって、今までの彼らに対する思いはすべて帳消し、「ありがとう!」の気持ちだけになった。張り詰めていた心と身体が緩んできた。私はゆっくり腰をおろした。

「有人」と言ったのはウソじゃなかった。どこからか一人の公安が現れ、対面窓際に座った。彼は見たところ三十歳前後、優しい顔をした男前公安。

私の隣の窓際公安が、アレコレ矢継ぎ早に質問を浴びせ掛ける。その都度、私もやや緊張してアレコレ答える。

いつの間にか右ボックスのトランプは止まっていて、メガネをかけた厳《いか》つい白髪のおじさん公安が席を立って、通路を後ろへ歩いていった。二十歳そこそこのボンボン公安は小間使いのように使い走りをしている。もう一人、その彼より二、三歳上かな、身体ガッチリ兄さん公安、この二人はどうも新米公安らしい。私の目の前に座っていた角刈りの中太り公安は白髪のおじさん公安に続いて通路を後ろへ歩いていった。

火車は金昌《きんしょう》駅に到着。武威を出て一時間半。私の隣でアレコレ話しかけてきた窓際の公安が、ここで降りた。対面の男前公安が空いた窓際を指さして「こっちに座れば」と言ってくれ、私は窓際に座りなおした。

彼は持っている中国全土の地図を開いて、私に一つ一つ丁寧に、彼の知る限りの大中国を紹介した。紹介しながらも、彼は車内四方八方に目を配り、耳をそばだて、周囲の動きには十二分に注意を払っているように見えた。さすが公安局警察、キビシイ！　時折、窓外に目をやり走り過ぎる自然を優しく眺めていた。

右ボックス窓際のウイグルおじさんがどうにも気になって、私がここに居るのも場違いといえば場違いなのだが、あのウイグルおじさんもどうにも妙で違和感を覚えてしょうがない。あまりジロジロ見るのは失礼とチラチラ首を回していると偶然ウイグルおじさんと目があった。色黒くやけた顔の鬢口《びんぐち》から顎《あご》にかけてあまり長くない白髪まじりの髭《ひげ》を蓄え、目深に被った紺の人民帽のすぐ下に丸く小さく温和な目があった。私は口を左右に少し引いて笑ったつもりだがウイグルおじさんの目にはどう映っただろう。

ウイグルおじさんの膝上の左手にかけたタオルがずれて、キラリと金属性の光が目に入った。「ウイグルおじさん、義手?」。咄嗟《とっさ》にそう思い込んだ私は「見たらあかん、見たらあかん」と、目をそらして気まずい思いで空を見た。

しばらくして様子がおかしいことに気がついた。この左右ボックス通路に立つ人や近くにいる人に、公安は必ずどこか他の場所へ移るよう命令している。私と同じように、席が空いていると思い腰かけた人を、「ここは特別席だから座れない。別の場所へ行け」と追い払う。私がされたと同じ、来る人来る人全ての人に。

鈍な私もこの時になって、やっとこの場所は普通じゃないことを知った。

見た。見えた。ウイグルおじさんの左手首。「手錠!」「護送?」

アホな自分、情けない自分、身のやり場ない自分に、再びロボット硬直状態となった。私の動揺を知ってか知らずか、男前公安は顔色一つ変えず、ぎこちなく固まっている私に言葉を続ける。

彼ら六人の公安局警察団は、山東省《さんとうしょう》天津《てんしん》から新疆《しんきょう》ウイグル自治区ウルムチまで、場合によってはカシュガルまで、今回の出張は往復一ヶ月になるだろうと言った。まさに中国大陸一万キロ大横断だ。

　窓際にある小テーブル下の支えの金属棒に手錠の片方を繋げ、もう片方はウイグルおじさんの左手首に。わからないようにタオルで覆い隠してある。ウイグルおじさんが犯した罪は何？　これからどうなるの？　どうにも気にかかる。

　というのは、私は西安で二度、身震いする光景に出くわした。一度めは、長安路をずっと南へ行った西安外国語学院と陝西省《せんせいしょう》師範大学前大通り。濃い緑色の大型トラックが二台、それを先導する車が前を走っていたようにも思う。南へ進む大きなトラックの荷台の西側と東側に、坊主頭の男たちが二メートルほどの間隔をおいて二人ずつ、顔を沿道に向けて立っている。私は、変なトラックに気をとられて他のことは目に入らなかった。トラックは私の目の前をゆっくりとした速度で進んでいった。ビックリ仰天！　とはこんなことをいうのか。その時の私は、驚きのあまり心の臓は口から飛び出さんばかり。大きく唸り、目は閉じること知らず棒立ちになった。荷台で立っている坊主頭の男が私を見下ろしている。彼らの首から紐で吊るされたA4サイズほどの白い板には氏名、年齢、出身地、犯罪名が書かれてあった。私が見た犯罪名は「殺人」と「吸毒」、つまり麻薬。四人は皆、若い二十歳前後だった。

　二度めは鐘楼から南の南大街の大通り。三十年経った今あるかどうかわからないが、南大街を挟んで東側に西安百貨大廈、西側に小さな百貨店が二店並んでいて、その一店は古都大廈といったはずだ。その古都大廈の人だかりのする出入り口の一角に、犯罪者たちを、あのトラック上の彼らと全く同じ格好で立たせていた。人々は彼らの周囲で、口々に何かを喋りながら群がっていた。何の人だかりか分からない私は、後ろで大きくジャンプして、それを知った。悪いことをしてはいけない「みせしめ」の意味があってか、この後彼らは刑場へ向かうことになるのか？ 目前にある現実に私は不謹慎にも時代劇映画の一シーンがダブってきた。江戸時代、市中引き回しの刑、網籠や馬の背に乗せられて刑場へ、どこそこのだれべえ、これこれしかじかの罪状の立て札の下に後ろ手に縄で括《くく》られて大衆の前に曝《さら》される。中国に来て、私にとってこれほど我が目を疑った信じられない出来事はなかった。

ウイグルおじさんはどんなことをしたの？ 喉もとまで出かかっていたが、「いかん！ いかん！」。私は我を諭し言葉をのみこんだ。

金属棒に繋げてあった手錠の片方を、一人の公安が外した。ウイグルおじさんが立ち上がった。エッ！ と、私はちょっとうろたえ、緊張した。二人は一緒に席を立ってデッキへ出ていった。しばらくして帰ってきた。たぶんトイレ。また同じようにおじさんの左手と金属棒は繋がった。

「タバコ？」公安の一人がおじさんに真っ赤なパッケージのタバコを一本差し出した。おじさんはニタッと嬉しそうに口にくわえて火を待った。公安は自分も一本くわえ、マッチを擦った。

もう一人の公安が「飲む？」と、おじさんの前の小テーブルにコーラをおいた。この時も、おじさんはニコッと笑顔を一つ作った。

一番若いボンボン公安が網棚から大きなダンボール箱をおろして中から長い棒を取り出したと思ったら、それはなんと長さ三十センチ、直径五センチはあろうか巨大胡瓜《きゅうり》。もう一人の若い公安と二人「解渇《ジェカア》」（渇きを癒す）と言って、バリバリ痛快丸齧《まるかじ》りを始めた。

和気あいあい、とても公安と罪人とは思えない心なごむ雰囲気に、私までついつい楽しくなってしまった。

男前公安は「右に戈壁《ごび》砂漠、左に祁連《きれん》山脈……」と、更に詳しく一つ一つ紙に書きながら私に中国を語り、時にピーナッツ、西瓜子《シーグアズ》（乾燥させたスイカの種に味付けしたもの）、向日葵瓜子《シャンルクウェイグァズ》（乾燥させたひまわりの種に味付けしたもの）を「食べなさい」とすすめてくれた。そして一冊の本をカバンから取り出して、「日本の田中○○の書いた指紋の本を読んでいる」と見せてくれた。

公安は入れ代わり立ち代わり、通路を後方へ歩いていき、消えてはまたしばらくして現れる。恐らく硬臥を用意してあって、交替で休息をとりながらのウルムチまでの護送であろう。

彼はまだまだ言葉を続ける。山東省からウルムチまで、途中休息せずに一気に走ると丸五日の長旅だが、彼らはほぼ中間点の蘭州で休息し、前日六日の二十二時四十五分、蘭州発ウルムチ行きのこの直快二四三次に乗ったと言う。大中国の移動は、それはそれはおおごとだ。真辛苦了（ご苦労様です）！

時々ウイグルおじさんの澄んだ目と出会う。こういう時、私はどんな顔をすればいいんだろう。戸惑いつつ微笑を繰り返す私は、おじさんの目にどんな風に映ったのだろう。

移り行く右窓にとぎれとぎれ泥土の塊が続く。万里の長城か！　遠い数百年、数千年の昔、人は草一本生えることのない苛酷な乾いた不毛の大地で生きた証か。いつの頃か、涸《か》れた大地をやむにやまれぬ思いで捨て去ったに違いない人々の住居跡が、四角く砂風に曝されている。時折、牧羊ののどかな風景が現れる。世紀を越えた時間は、ガラスのスクリーンに同時に現れては消えていく。

午後二時五十分、定刻を十数分遅れて私が訪ねる第二のオアシス張掖に着いた。私はいつも通り、リュックサックを背負い胸にぶら下げた小袋とウエストポーチを確かめカバンを左手、切符を右手に世話になった四人の山東省公安局警察団の一人一人に「謝謝！」と握手。「さよなら、再見！」。休息のため不在だった二人の公安には、礼を言えないまま直快二四三次火車を降りた。残念ながら、ウイグルおじさんは窓外に目をやり私を振り向いてくれなかった。

武威―張掖　二四四キロメートル、五時間半、十二元。

四　オアシス　張掖

二、三年前に駅舎の改築をしたという張掖駅は、薄いブルーと白で明るく清潔感に溢れ、高く張り巡らされたガラス窓からは、あまり強くない陽光がこぼれおち、なお一層、駅舎を明るくしている。外は一片の雲もない、青く澄んだ空が大きく広がって清々《すがすが》しい。駅を出ると、例の如く售票処を確かめ、駅前に停まっていた市内バスに乗り込み、切符五角を支払った。約三十分で今夜の宿、張掖賓館に着いた。午後四時。

四人ドミトリー、テレビなし、兌換券《だかんけん》十五元。四床あるベッドは今のところ私一人、他の客はいない。

陽はまだまだ高く、このまま部屋に入るのは勿体ない。都合の良いことに、賓館のすぐ裏に中国最大級の釈迦牟尼《しゃかむに》の涅槃仏《ねはんぶつ》が安置されている十一世紀の建造物、俗に大仏寺、正式名・宏仁寺へ出かけた。中に入ると時間のせいかあまり人気《ひとけ》がない。広い敷地はチリ一つなく、濃い緑の大木が格好の日陰を作り、ここが砂漠の真ん中であることを忘れてしまう。

とにかく大きい、どデカイ！　涅槃仏の柔和で優しいお顔の前に立って両手をあわせると、信仰心のない私でもこころもからだもゆったりとして何かがスーと抜け落ちるような、何とも言い様のない心地好さを覚えた。いつか遠くない日に、もう一度この場に立ってみたいと思いつつ、涅槃仏を後にした。三十年経った今日まで、まだそれは実現していない。

大仏寺と書かれた大きな門の下に、日射しを避けてか五、六人のおじさんがのんびり腰をおろして、何やら楽しそうに話し込んでいる。その前には、自転車の荷台をうまく改造したアイスキャンデー売りの三、四人が並んで立っていた。私は胡麻入りアイスキャンデーを一本買って、しゃぶりながらバス路を東へ歩いた。鐘楼までくると百貨店、郵便局、レストラン、銀行など町の中心らしく賑わっている。鐘楼はすでに閉まっていたのでぐるり一周して鐘楼を背に今度は北へ、西へ歩き宿の賓館の少し手前、万寿寺へ行ったが、どうもここは中学校になっているようだった。

この中に九層ほどの高い木塔があって、木塔寺とも呼ばれている。この木塔のてっぺんに上れば、張掖の町が一望にして見渡せると考えたが、残念！　中には入ることができなかった。気を取り直し宿へ帰ることにした。

一息いれて食堂へ。服務員に「メニューを見せて」、と言うと不愛想に「没有《メイヨウ》！（ない！）」と一言。どうやら定食セットになっているらしい。

五、六分待って夕定食が運ばれてきた。鶏肉、魚、カリフラワー炒め、茄子とピーマン炒めのおかず四品にスープ付き麺、花巻といって小麦粉で作った味のついてない小さな蒸しパン。なんとまー、豪勢！　久しぶりにちゃんとした食事にありつけた。内心料金の心配があったが、目ギラギラ涎タラタラ、残さずペロリたいらげた。

さあ、お勘定！　隣で同じメニューを食べた中国人は、三元五角を支払った。私は？な、なんと八元もとられてしまった。キツイ！　貧乏旅の私にとって思わぬ大きな出費となった。仕方ないか。当時、外国人は中国人の倍額？　徴収しても構わないという上からのお達しがあったらしいとか。そう言えば西安の小さな飯店で卵入り焼きソバを食べた時、一元五角だった。その時、店主が私に向かって「ほんとは三元くらいもらってもいいんだけど」と言ったのを思い出した。しかし実に美味しかった。八元の価値有り。久々、私の口からはじまる消化器系統は十二分に堪能し喜んだ。

午後八時半、四日ぶりに湯を浴びた。といってもシャワーは故障、洗面器なし。方法は持っていたタオル一本。そこで思い付いたのが水筒のふたコップ、だがそれは湯を浴びるにはほど遠かった。四日ぶりの入浴はこれでおしまい。

疲れがあるのか、のぼせているのか、また少し鼻血が出だした。旅が始まったばかりというのに。早く眠ることにした。

七月八日午前八時ゆっくり起床。一片の雲もない晴天、清々しいオアシスの朝をむかえた。四階の窓から緑豊かな大仏寺が見え、青空にくっきり突き出た白塔が眩しい。部屋でゴロリと寛《くつろ》ぎながら、荷物整理をして、昨日予定していた十三時十九分発の火車に乗るつもりで十一時前に賓館を出て、市内バスで張掖駅へ。ところが、この上海発ウルムチ行き特快五三次火車は、どこで発生したものか、水害のため運行中止。結局、十四時四十一分発の四川省成都《しせんしょうせいと》発ウルムチ行き直快一一三次に乗ることになった。

張掖の駅前広場は広くキレイに清掃されていて気持ちがいいし、駅舎の掃除も行き届いてすっきりさっぱり。たいていの駅は雑然としてうす暗いのだが、こんな明るくて爽やかな駅は今のところお目にかかっていない。駅舎の中には、真新しい背もたれ付きの木の長椅子が数十脚用意されていて、私は背負っていたリュックを下ろし、手提げカバンと並べて長椅子に置き、身軽になって火車が入るまでの三時間を待つことにした。

しばらくすると二人の駅員が現れて荷物検査を始めた。突然のことでちょっとびっくりしたが、順番に次々と各自の荷物を開けさせて中を調べていく。私も他の待っている乗客と同じに、カバンとリュックの中をチェックされ、「検査済」のシールをそれぞれに貼られた。小さなウエストポーチも腰から外して小チェック。

まだまだ火車到着まで時間があるので、近くに居たどこかの制服をキリリと着込んだお兄さんに、張掖での記念スナップ写真を撮ってもらうことにした。彼は快く「好！（いいですよ！）」と言って、荷物を横に長椅子に嬉しそうに座っている私を可愛く撮ってくれていた。

時間とともに人の数が増えてきた。

五　直快一一三次　張掖―嘉峪関

待つこと三時間余。やっと乗り込んだ火車はひどい混雑で、デッキまで人で埋まっている。私の後には乗り込めない人がゾロゾロ。動きのとれない状態のまま、後ろから押されて、宙に浮くようにカバンを胸前に抱え、無理やり中へ割り込み、入っていった。トイレをこえ、ようやく通路まできた。とにかく一歩でも中にいる方が安全と思った。

実はこう思うのには訳があった。以前、火車乗り込みで超恐怖体験をしてしまったからだ。

一九八九年秋、友人二人と河南省《かなんしょう》洛陽《らくよう》、鄭州《ていしゅう》、開封《かいふう》の旅を終え、開封から乗り込んだ西安へ向かう火車でのこと。混雑は張掖の比ではなかった。午後二十時四十五分頃、薄暗い開封駅のホーム火車乗降口に大きな人の塊がいくつもできて、その集団の中に私たち三人も並んでいた。火車はすでに満員で、デッキに足をかけぶら下がるようになったまま、人は身動き一つしない。ある乗降口ではもう乗れない、これ以上乗らせないとばかり中から鍵をかけてしまっている。人々は焦って、開いているドアめがけて殺到する。勿論、私たち三人も同じ、群がる人の少ないドアを探して暗い明かりのホームを行ったり来たり。意を決して若い友人が私の前で力の限り中へ押し入って私を引っぱり上げてくれ、引き続いてもう一人の友人もどうにか乗り込むことができた。中からの押し出そうとする力で、少しでも油断すると外へ弾き飛ばされそうになるので、一瞬たりとも気を抜けない。私たち三人は、お互い驚異と恐怖と苦痛に歪んだ顔を見合わせ、無事にいることの確認と、今少しの間頑張ろうと目で言葉を交わした。

駅員は乗客の整理に脂汗を流し必死で戦って、ようやくのことドアは閉じられた。とても長い時間に感じられた。結局積み残し多数で火車はノロノロ動き始めた。目を閉じフーと一息吐いた時、ガチャン！　バリバリ！　と、大きな割り裂ける音がした。何事が起こったかと目を見開くと、友人が立っているデッキのドアのガラス窓が半分、木端微塵《こっぱみじん》に砕け散っていた。ドアガラスに凭《もた》れ掛かる圧が強大であったのか、誰かが誤って何かで突いたような格好になったのか。とにかく友人に怪我がないか、大丈夫かと声をかけ、無事を知って一安心。手も足も微塵も動かぬ寿司詰め状態の中、割れたドアガラスから吹き込む秋風がのぼせ上がる熱を冷ましてくれていた。

このまま西安まで約十一時間、思っただけで気が遠くなる。キツーイ！　シンドイ！　その時、我が目を疑う出来事が私の目の前で起こった。隣の車両とのジャバラになった連結部を、車掌がこちらの車両に向かってハイハイしながらやってくる。声も出ず目が点というか、四角、三角、丸。瞬《まばた》き一つできないで茫然としている私の目の前を、車掌は靴をはいたまま両膝両手で乗客の肩の上を這って、時には乗客の頭を手で押さえつけ、大声で何かをわめきながら移動していった。ウソのようなホント、夢のような現実。今思い出すとゲラゲラお腹を抱えて笑い転げそうなマンガ的出来事だが、当事者たちは必死。車両がいかに乗客で埋められていたかをのみ込めるだろう。

このまま嘉峪関まで七時間は辛いものがあるが、どうにもならない。ガンバルしかない。申し訳ないと思ったが、抱えていたカバンを足下にある誰かの荷物の上に重ねて置いた。誰も文句を言う人はいなかった。窓の外を眺めるゆとりもなく、ただ人に押し倒されないよう両足でしっかり立った。

しばらくすると前のボックスに座っていた若い女性の一人が笑顔で「腰かければ！」と、窓際に座っている女性に少し詰めるように言って、自分も腰を少しずらして譲ってくれた。私は「天の助けだ！」と、背負っているリュックを下ろして胸前に抱えなおし、お尻のかけらを下ろした。三人で座る二人がけはかなり狭くて、二人の女性にはとても窮屈な思いをさせることになって「ごめんなさい」の心苦しさと「ありがとう」の感謝の気持ちで、彼女たちに「謝謝！」を繰り返した。

彼女たちの会話から四川省成都から来たらしいことは分かるのだが、なにせ方言がひどい。多分、四川省方言。分かるような分からないような、結局ほとんどの会話は分からなかった。

窓の外は戈壁砂漠と祁連山脈に挟まれた石ころ砂漠が続く。火車はスローテンポで走る。時折、沿線に緑州《オアシス》が見え隠れし、水が流れて緑豊かで、青野菜が豊富に育ち、牧童が数十数百の羊をのんびり放牧する姿が遥か遠くに点々と映る。砂漠に生きる人々の生活がそこに見えてくる。こんな時「ホッ」と一呼吸。

嘉峪関近くになった。案内本を開いて、予定していた今夜の宿とバスルートを再確認、どうか空きがありますように。

前に座っていた女性が「あなた日本人？」と、突然聞いた。それまで私の存在など目に入らないようにペチャクチャおしゃべりしていたのに。私がそうだと答えると、まだちょっと外人が物珍しいのか周囲の人が次々微笑んで話しかけてきた。方言のせいか訛《なま》りかチンプンカンプンだった言葉を気を使ってくれたのか、できるだけ普通話《プートンホウ》（標準語）で。短い時間だったが、おかげで最後にとても楽しい一時《ひととき》をもらった。

彼女たちの親切に感謝しつつ、またここでも「さよなら、再見！」

予定通り十九時四十分嘉峪関に着いた。

張掖—嘉峪関　二二三キロメートル、五時間、硬座、十一元。

六　万里長城西端砦　嘉峪関

嘉峪関駅を降りると、市内行きのバスが停まっていた。今日の宿に予定している嘉峪関賓館一帯は市の中心にある。

バスは駅を離れ、遮《さえぎ》るもの一つない石ころ砂漠を一直線ひた走る。遠くに茶褐色のゴツゴツした岩のような山々が切れ目なく連なり、その遥か後ろに、終年不化の雪を頂いた祁連山脈の山並みが青空にその白を強調するように浮かんで見える。

走ること十分。五角支払ってバスを下りた。新華路と雄関路の交わるロータリーに騰飛《とうひ》の像が立っていて、この周囲に百貨店、銀行、郵便局、私の目指す嘉峪関賓館がある。

午後八時半。宿をとらなければ話にならない。飛び込んだ。辛うじて一ベッド空きがあった。十五元。ヤッターと与えられた三〇九号室へ駆け上がると、三人ドミトリーで一人はドイツ人男性、もう一人は日本人男性。偶然にも、彼は私が住まいする奈良市から来た青年。これにはビックリした。

案の定夕食時間は終了していた。私は腹ごしらえに外へ出た。人の匂いのする方へウロウロ行くと、夜市に出くわした。これはこれはと嬉し楽しで物色。四川火鍋を見つけた。

シルクロードの灼熱砂漠のド真ん中で、四川火鍋もどうかと思うが、試してみることにした。

下から大きな火が燃え盛る丸い大きな黒鉄鍋に、真っ赤な唐辛子色、キムチ色の汁が溢れんばかりに満たしてあって、その中に「おでん」みたいに一つ一つのネタを串刺しにしてある。十種くらいのネタがあった。グジュグジュゴボゴボ煮えたぎり、まるで別府の血の池地獄。二十歳前後の髪の長い美しい小姐《シャオチエ》が皿を一枚持ってきてくれた。私は豆腐干、ウインナーソーセージ風の香腸、青白菜、キノコ、コンブの五串選んだ。味は？　私は元来唐辛子、ニンニク、胡椒、生姜などピリ辛は大の好物で少々のことでは辛いとは言わないのだが、これは辛いという表現はあてはまらない。ネタそれぞれを味わうなど全くゆとりなく、ただ歯ごたえあるないだけ、全部同じ超激辛味。口中で爆竹がパンパン弾けて、重度の火傷《やけど》を負ったような、口中火事とはこのことだ。一元六角は安い？　高い？

口直しにバナナのたたき売りならぬメロンの切り売り。新疆メロンだと称するメロン、かの有名なハミ瓜か？　一切れ立ち食い、火事をおこした後だけに「うまい」の一言。一元五角。いま一度の口直しに、ソフトクリームをほおばりながら、辺りをぐるり一周、長距離バスターミナルをまわって賓館に戻った。

賓館入り口横に貸し自転車が数十台、明日はこれで頑張るぞ！　口中火事も収まった。今日は間違いなく本物の湯のシャワーを浴びることができた。満足！　満足！　明日は目指す天下の雄関「嘉峪関」だ。グタ寝。

七月九日午前八時半。日本人青年が部屋を出ていった。「気をつけて、良い旅を」で別れた。

私はパンで朝食、九時過ぎ、賓館門番のおじさんに貸し自転車の交渉。一日借りると三、四元らしいが昼の十二時までに帰ってくるからという約束で、一元で交渉成立。おじさんが「どれでも好きなの」と言って門番小屋に引っ込んだ。よくよく見ると、ここにある数十台の自転車全部、男性用の黒く大きい自転車で、どんなにサドルを低くしても足が宙に浮く。ペダルを踏むにも、ペダルが下にきたときに足はペダルから離れてしまう、一番困ったのはハンドルとサドルの間の黒棒、精一杯足を高く上げても、黒棒に引っ掛かって跨《また》ぐことができない、足を後ろから大きく上げて跨ぐのもできず、参った。結局、自転車を斜めに倒し、跨いでからチョンチョン乗り、二、三周賓館広場を走って練習、あっちフラフラこっちフラフラ、何度か転んですり傷を作ったが痛みを感じる暇なく、出発した。

石コロ砂漠に一筋のびた蘭新公路を西へ。白く大きな太陽は懸命にペダルを踏み続ける私を容赦なくギラギラ照りつける。時折トラックとすれちがう。走ること三十分、右前方に蜃気楼のようにヌーと土色の城楼が現れた。

渤海《ぼっかい》に臨む万里長城東端砦「山海関《さんかいかん》」から西へ離れること六千キロ。万里長城西端砦、天下の雄関「嘉峪関」だ。

十四世紀に築かれたといわれるが、強烈な太陽と荒々しい砂風に曝されて七百年、今日も砂漠の要塞は三六〇度を望み、見事に生きている。不思議！　真実不思議！　そして真実素晴らしい！　時代映画のセットに飛び込んだみたい。アタマ空ッポ、真ッシロケ。

その昔、数千、数百の兵士たちは暗闇の天空に何を思ったのだろう……。内城城壁の上をグルリ歩きながら東西に細長く延々続く長城が戦いの跡を教えてくれる。

内城城壁の一隅で近くにいた人に写真を一枚お願いした。彼は名カメラマンだ。現像した写真には、青空と白雪頂く祁連山脈と万里長城西端砦―嘉峪関に立つ私の頭上に大円を描き大きく翼広げ舞う大鳥が写っていた。

お叱りをうけるかもしれないが、内城城壁の下を歩いて見つけた小さな瓦の欠片《かけら》と崩れ落ちた壁土か？　砂漠の土か？　いずれ嘉峪関の土を少し頂いた。無論今も大切に残してある。

一時間余砂漠の城楼で大自然のエネルギーを全身に浴びて、蘭新公路を大自転車で東へ三十分、無事賓館到着。内心この大自転車はヒヤヒヤものだった。

部屋に置いてあった手提げカバンを持って正午賓館を後にした。次に向かうは第三番目のオアシス酒泉《しゅせん》。酒泉は嘉峪関より東に位置しているので順番から言えばさかさま、少し逆戻りになる。

酒泉行きのバスに乗るため、市内バス二路に乗った。車内でちょっと奇妙な人に出くわした。自称作家「石火星」と名乗る五十歳前後の男性、彼はたまたま隣り合わせた私に、以前からの知り合いのように人懐っこくペラペラ話しかけてきて、バス代二角を支払ってくれたり、重たいだろうとカバンを持ってくれたりした。自分は決して怪しい者ではないと、自分の紹介文を印刷したザラ紙を一枚くれた。ザラ紙には住所、本名と別名、生年月日、○大学○系卒、作家協会会員、書画学会会員等々。

酒泉行きのバスに乗るため私がバスを降りようとすると、酒泉までは三十分ほどで着く、とても近いと言って、ついには彼の家へ行って一緒に昼食をとろうとしきりに誘われて、どうにも返事に困ってしまった。人好きで人の良さそうな彼のペースについつい入り込んでしまって、「好（OK）」と言ってしまいそうになったが、結局「時間がない」と丁寧に断って、ここでもまた「さよなら、再見！」バスを降りた。酒泉行きのバスを待つ間、中国の人との貴重なふれあいを一つ逃してしまったかな……とちょっぴり後悔。

酒泉行きのバスに乗り込んだ。回族の白い帽子の運転手さんだ。

嘉峪関―酒泉　三十分、二十一キロメートル、五角。

七　オアシス　酒泉

午後一時過ぎ。酒泉賓館に着いたつもりが金泉《きんせん》賓館と看板に書いてある。どちらにしても二二三号、部屋はとれた。二十元。もらった領収証は酒泉賓館とあった。どういうことだろう⁇　部屋に入ると一人先客あり、日本人女性だ。彼女は荷物の整理が終わったら次の目的地へ行くと言っていた。

カバンを置いて外へ出た。遅い昼食を近くの店で焼きそばですませ、大通りを東へブラリブラリ、鐘鼓楼《しょうころう》を通り過ぎ、夜光杯《やこうはい》工場へ。

深緑色や薄緑色の玉で作る夜光杯は、翡翠《ひすい》色の不思議な光沢があって、小さな小さな杯《さかずき》なのにエメラルドグリーンの大海に引き込まれそうに美しい。

見とれている私の肩を叩く人がいて振り向くと全然知らない人。ハテナ？　の顔でいる私に、彼は私をよく知っていると言う。よくよく聞いてみると九〇年九月から九一年六月まで西安で日本語を勉強していた人で、唐さんといった。思いもかけぬ人に出会ったと彼は喜んでくれ、工場内を案内してくれた。

工場では五人の職人さんたちが機械の前に座って、削った玉《ぎょく》の粉で両手を黒く染め、せっせと小さな可愛いワイングラスを作っていた。根気よく細かな作業を続ける彼女たちの真剣な表情を一枚カメラにおさめさせてもらった。

唐さんは「こんな遠いところまでよく一人で。ここは自分の生まれ故郷。嬉しい。本当によく来てくれました、ありがとう」と、私との偶然の出会いに深く感動してくれて濃いグリーンの夜光杯ワイングラスを記念にとプレゼントしてくれた。今夜の夕食を一緒にと、午後六時にまた会うことを約束して別れた。

横道へそれながら東へ歩くと、道の左右から白い大きなテントを張って日除けをつくり、いろいろな野菜や果物、雑貨など山積みした自由市場通りを見つけた。歩くうちスイカ売りの前で足が止まった。

スイカ売りのテントはいくつもあったが、とびきり愛想のいい、人のよさそうなお兄さんのテントでスイカを買うことにした。

ラグビーボールをもう少し丸く大きくした楕円筒《だえんとう》のようなスイカを一玉。日本のまん丸スイカと違って、中国のスイカは冬瓜《とうがん》様に細長い。今ここでスイカを食べるから二つに切って欲しいと頼むと、お兄さんは「あいよ」と、威勢よく青龍刀《せいりゅうとう》のような包丁でバッサリ真っ二つに断ち割った。都合よく、山積みスイカの前に木製の卓袱台《ちゃぶだい》様の小さなテーブルが置いてあったので、お兄さんにここに座って食べてもいいかと聞くと、彼は笑いながら「好」。私は旅の七ツ道具の一つ、スプーンを取り出し、半玉スイカを片手にパクついた。冷たくはないので「うまい！　最高！」とまではいかないが、真ん中部分はまあまあ甘みがあって、喉の乾き、空き腹の足し、十分に私を癒してくれた。

残りの半玉をパクつき始めた時、向かいのスイカ売りの女主人と一人の女性がかなきり声をあげ、怒鳴り合いの喧嘩を始めた。女主人の方はスイカ切りの包丁を持っている。二人の罵り合いはだんだんエスカレート。言葉だけでは飽き足らず手足が飛び交いア・ブ・ナ・イ！

スイカをパクつく私のすぐ目の前で女同士の大立ち回り、私は一瞬スプーンを持つ手が震えた。が、すぐまた我関せずとばかりに平気で黙々スイカをパクついた。この図太い神経は何ぞや。我ながら呆れた。周囲は遠目にしばらく見ていたが二、三人が間に入って二人をおさめ、事なきを得、自由市場の活気は元に戻った。

慣れは恐い。喧嘩に慣れっこ。そのひどさに一番驚いたのは、ある自由市場で女性が男性に馬乗りになって殴る蹴るの乱暴を働いた時だった。

スイカ腹になったところで更に東へ歩き、イスラム寺院、酒泉博物館をまわって酒泉公園に着いた。

酒泉公園には伝説の美酒の泉がある。

漢代の将軍・霍去病《かくきょへい》が、武帝《ぶてい》から功労をねぎらうため賜った酒を駐屯する将兵全員に飲ませたいが足りない、どうしたものか考えたあげく、泉に酒を注ぐとその泉はたちまち美酒に変わり、その後も尽きることがなかった。

そもそも酒泉の名の由来は四角く囲まれたこの泉の美酒伝説にあり、今もなお泉は尽きることなく涸れることなく湧き出ている。

公園内にある大きな池は周囲を大小の緑に囲まれ、静かで澄んだ湖面には私の目に映る絵と同じ絵が逆さまに映り、まるで蜃気楼《しんきろう》。信じられないほどの水と緑の豊かな美しさにここが真実砂漠の町？　砂漠であることを忘れさせる。

市内バスで鐘鼓楼で降り、ブラブラ賓館に戻りひと汗流し、約束の六時を待った。

賓館ロビーにいると唐さんから電話が入った。下りていくと、彼は一人の女性を連れてきていた。彼は彼女を「女朋友《ニューポンヨウ》」だと私に紹介した。女朋友は、中国では婚約者のこと。色白のスラッと細身の可愛い女の子、お似合いの二人だ。彼らは私を夜市に案内してくれた。かなりの人で賑わっている。蒸しもの、煮もの、焼きもの、炒めもの、揚げもの等々、煙モウモウ、ジュージュージャージャー、前から後ろから右から左からプンプン匂ってくる。

「何が食べたい？」

「何でも食べたい」

私たち三人は大きな竹せいろを何段も高く重ねた屋台のテーブルに座った。箸と小皿が並ぶと待つ間なく白い湯気の立ちのぼる大きな竹せいろが三つでてきた。私の大好物「小籠包子《シャオロンバオズ》」、一つのせいろに十個。ご馳走だ。勧められるまま、私は遠慮なく一個また一個と満腹頂いた。楽しくしゃべりながらの食事は美味しさが一段と増す。

彼らは賓館まで私を送ってきてくれ、もういいからというのに賓館内のバーでジュースをご馳走してくれた。

ほんの小さな縁で知り合った人なのに、旧知の間柄のように心暖かな親切、異国の一人旅で出会った、言葉では言い尽くせないほどの、心底嬉しい一日だった。ただただ感謝した。

唐さんは「また酒泉へいらっしゃい」

私は「きっとまた来ます。さよなら、再見！」

この約束、まだ果たしていない。


明日はいよいよ敦煌《とんこう》。

バスは午前六時半発のデラックスバス？　切符は買ってある。

八　酒泉―敦煌

七月十日午前五時半起床。いつもの通り手提げカバンを持って、背にはリュック、腰にウエストポーチ、首に小袋ぶら下げてバスターミナルに着いた。

六時半出発が、七時出発に遅れた。期待のデラックスバスは何のその、どこともいつものオンボロバス。

緑の森、酒泉の町を出ると、すぐまた石コロ戈壁砂漠。砂を盛り上げてつくった黒いアスファルト道、行けども行けども石コロ砂漠、三六〇度どっちを向いても石コロ砂漠、ギンギラギンに照りつける太陽、舞い上がる砂埃、バスは一路敦煌へとひた走る。暑い、ただ暑い。目が自然に閉じる。知らぬまに眠り込んでしまう。砂の凸凹道、板のような座席で、飛び上がったり落ち沈んだり。その度、どこかに痛みを覚え目を覚ます。そのうちまた眠り込む。時間がたつにつれ、ガタガタ道のこのリズミカルな上下運動に慣れ、ついには心地好く眠り込んでしまう。

途中、玉門《ぎょくもん》と安西《あんせい》で短い休憩をとり、また走る。ただ走る。窓の外はずっと石コロ砂漠が続く。砂漠に生《お》いしげる草、砂漠を覆い隠すように無数に生えている。砂埃で灰白色、名前は分からない、知らない、不思議な草、強い草。

深い海の底で海草が群れて、波に揺られ揺られ育つよう、この巨大な砂漠は呼吸している、生きているんだなあ……。

午後二時、バスは小さなオアシス敦煌の町に着いた。

酒泉―敦煌　四一〇キロメートル、七時間半、十八元五角。

九　オアシス　敦煌

敦煌では、バスターミナル前の飛天賓館に宿をとった。一泊十五元二泊分。石コロ戈壁砂漠を揺られ揺られて七時間。暑さに強いはずの私も、すぐ外へ出ていく元気がない。まずは部屋で一休みと二階の部屋に入ると、若い日本人女性がいた。三人部屋だ。彼女は、白人女性が今しがた出ていったのだが、その白人女性が買いすぎたと残していったというテーブル上の杏《あんず》を指さして「良かったら、食べて」と言って、ベッドに潜り込んだ。

私は「ありがとう、いただきます」と、数個もらって食べた。私は今の今まで杏を食べたことがなかった。ピンポン玉を一周り小さくしたくらいの大きさで黄橙《きだいだい》、黄クリーム色をした杏は、甘い、めちゃめちゃ美味しい。生まれて初めての杏の味に、私はえらく感動してしまった。暑さが解けるまでゴロン一休み。

午後八時。賓館で貸し自転車を借りた。嘉峪関で鍛えた大黒自転車、もう恐くはなかった。

アスファルトの左右には高さ十メートルを越すようなポプラ並木。遥か遠くに巨大な砂山が道を塞ぐように横たわる。飽きない自然が約三十分の道程を楽しませてくれた。

風に吹かれて落ちる砂の音が、鳴いているように聞こえることからその名がついたといわれる鳴砂山《めいさざん》に到着。三元を支払って入り口を入ると、砂、サラサラ砂、目に入るもの全て砂、全てサラサラ砂、東西南北どっちを向いてもあるのは砂だけ、サラサラ砂だけ、くどいようだが、本当に砂だけ。

昔、二十代の頃、静岡県の中田島砂丘だったかへ行ったことがある。が、ここはとてもその比ではない。資料によると東西四十キロ、南北二十キロの砂山とある。

石コロ砂漠を抜けてきた私には、目の前の鳴砂山は限りなく優しく映った。頂上目指して登り始めたが、足を砂にとられ一向に前に進まない。布靴を脱いで裸足《はだし》になって両肘両膝まで砂に埋もれながら四つん這い、ヨタヨタフラフラ、一歩踏み出すとそのままズルズル砂と一緒に下に流される。あちこちで砂の滑り台をころげ落ちてゆく。キャーキャー悲鳴が聞こえる。鳴砂山とはこれいかに？　砂は鳴かない。鳴くのは人だ。いや、砂も鳴いているのかもしれない。

やっとの思いで砂山のてっぺんに到達。丸い地球の砂の大地に立った。

午後九時をまわっても陽はまだ高い。

私は大の字に寝転んだ。砂のベッド、青い天井《てんじょう》、大自然に抱かれて気分は最高！　最高の贅沢！

午後十時を過ぎる頃、陽はそろそろ西の空を橙色に染め始めた。隣で仲良く肩を並べて座っているカップルは、日本男性と中国女性、数日前に上海で結婚したばかりだと言った。お幸せに！

砂山の裾野ではラクダ使いが操るラクダに乗った観光客がアリの歩みで巨大砂山をめぐる。びっくりたまげたのは、なんとこの鳴砂山でパラグライダーをしている人がいる。彼らは悠々、鳥になってこの摩訶《まか》不思議な大自然を空中散歩。気分は最高！　夢の中に違いない。

砂山のてっぺんから反対側の下をみると、三千年以上も水の涸れない泉、三日月形をした〝月牙泉《げつがせん》〟がある。

陽はゆるゆる傾き、鳴砂山は影をつくり、その色を変え月牙泉を覆う。どこからともなく吹く風は汗ばんだ私の肌を涼しく撫で、足下の砂を流してゆく。砂が鳴きだした。

砂と泉と夕陽がおりなす生命ある天然の大絵画、その素晴らしさに無言でうっとりする。美しい地球星に住む自分の幸せを実感したひと時だった。教訓、自然を大切に！

賓館に戻ると彼女はもう休んでいた。音をたてないように静かにベッドに横になり目を閉じた。今、目にした大自然のパノラマが尚《なお》一層鮮明に瞼に映る。明日は莫高窟《ばっこうくつ》だ。

七月十一日午前六時。隣のベッドの彼女が早い旅立ちなのかガタガタしている。私は目を覚ましてしまったので起きることにした。

少しして、彼女は「お先に」、私は「気をつけて、良い旅を」で別れた。

七時半。粥、花巻、キャベツの漬け物で朝食、八時発の莫高窟行きのバスに乗った。一元五角。

背の高いポプラ並木を駆け抜けてから三十分、砂漠に延々南北に続く切り立った岸壁が現れた。砂漠に眠る仏の宝庫〝敦煌莫高窟〟だ。胸のざわめきは殊更強くなった。高額の外国人料金兌換券二十五元を支払った。当時中国人料金は確か人民幣三元か五元だったように記憶している。

伝説か？　四世紀の頃、修行僧の楽尊《らくそん》が旅の途中、黄金色に輝く岸壁に仏の姿を見たことから始まったというこの仏の世界〝莫高窟〟は、その後一千年の時の流れの中、その時代時代の仏を描き刻み、神秘の世界、仏の世界をつくりあげた。

限られた石窟しか見ることができなかったが、大宇宙に生きる小宇宙、大自然に生かされている小自然、目前に描かれた数々の壁画や刻まれた数々の像。私は操られ引き寄せられ、その時代の静寂空間に彼らの呼吸を肌に感じ、くぎづけになった。その感動を語るべき言葉を私は知らない。安っぽい言葉より何より私の五感の奥底に染み込ませた。

莫高窟を巡る途中、西安で知り合った趙《ちょう》さんに偶然出会った。彼は敦煌の人で、西安外国語学院に一年間、日本語勉強のために来ていた。今はこの莫高窟で日本人観光客のガイドをしているとのことだった。彼はこの莫高窟に住む友人のところで昼食をしようと、その友人の家へ連れていってくれた。友人の住む家は莫高窟の石窟群の対面の緑の中にあった。友人は笑顔で一面識もない私を迎え、短時間でラーメンを打って熱い汁ラーメンをふるまってくれた。私たち三人はとりとめのない会話を楽しみながら熱い手打ちラーメンをすすった。趙さんは私を気遣ってしばらくここで食後の休みをとれば良いと、多分友人が使っているベッドだと思うのだけれど案内してくれた。中国では昼食後〝昼寝〟の習慣がある。

趙さんは莫高窟を一回りしたら待っているようにと言い残して、外へ出ていった。彼はきっとガイドの仕事に戻ったに違いない。私は友人に「あなたが休んで下さい」と言うと、友人は「私はいいから、あなたどうぞ」と。それ以上はあまりくどくなるので私は有難く遠慮なく一休みさせてもらった。

砂漠の太陽の強烈な日射しと暑さがウソのように、小さな緑の森に涼しい風が吹き抜け、心地好い時間だった。一時間ほどたって私は友人に礼を言い、趙さんに「ありがとう」の伝言を残し莫高窟巡りを再開した。

最終バスは午後四時、待つように言われた趙さんに二度会うことなく、敦煌の町に帰ってきた。

今も心痛むのは、親切にしてもらった趙さんに会わずに一言の礼も言わないままになっていること。約束破ってゴメン、趙さん。ありがとう、趙さん。

バスを降りて東大街から西大街の大通りを、左キョロキョロ右キョロキョロ、博物館や土産物店、最後、中国銀行で両替し、宿に帰った。

お茶で一服しながら、白人女性が残していった敦煌名産の杏をまた数個頂いた。やっぱり美味しい。私はタネを日本に持って帰ることにした。芽がでるかでないか、とにかく乾燥。これは後に日本に持ち帰って土植えをしたが、残念ながら芽はでなかった。

今日は、この三人部屋にどうも私一人らしい。

夕食は賓館の斜め向かいにある友誼賓館に出かけた。正直、料理の味は「うまい！」とは言えないが、おじいちゃん、おばあちゃん、若夫婦と一粒種十ヶ月の男の子、皆愛想良くて親切、家庭風味の気持ち良い夕食ができた。あまりの気分の良さに私はビールを一本注文した。ラベルを見ると西部啤酒《ピージョウ》とあった。

今日はかなり疲れた。ぐっすり眠ろう。

十　敦煌―柳園《りゅうえん》

七月十二日午前七時半。粥の朝食をとり、荷物の整理をして賓館向かいのバスターミナルから出る柳園行きのバス時間を待った。午前十時半発の切符は購入済みだ。

十時、お決まりの格好で賓館を出てバスターミナルへ、指定の座席についた。定刻出発。

バスはまた石コロの戈壁砂漠を走る、走る。凸凹砂アスファルト道、うだる暑さの中、一路柳園目指してひたすら走る。

夢か幻か強烈な太陽の暑い土産物か、遥か地平線の向こうに得体のしれない澱《よど》んだ物体が、二次元？　三次元？　ゆらゆら浮かんでは消え、消えては浮かび、また消える。大空がギンギラ銀色一色で私を痛く刺す。朦朧《もうろう》とする私は知らず知らず目を閉じる。

午後一時、柳園に到着。

敦煌―柳園　二時間半、一二八キロメートル、六元。

第二章　新疆ウイグル自治区

一　特快九七次　柳園―トルファン

柳園駅切符売り場へすっ飛んだ。小さな駅は人人人……でごったがえし、置かれた荷物の山で足の踏み入れ場もないほど。中国の駅ではあたりまえの光景だが、やっと買えた切符は硬座で普通切符、臥舗が手に入らない。もし空席がないと立つしかない。が、空席などあるわけがない、トルファンまで約十二時間、「こりゃあ、とてもじゃないが下手するとぶっ倒れるぞ、参ったなあ」と頭をかかえていた。

折好く日本人男性と中国人女性のカップルと出会った。HさんとSさんだ。彼らも私と同じトルファン行き。臥舗切符を手に入れるべく並んだのだが、ダメだった。

私たち三人はとりあえず腹ごしらえと、駅近くの小飯店に入って遅い昼食をとった。数軒ある小飯店はどこもいっぱい、テーブルのかたづけが間に合わないほどワイワイガチャガチャ。人でごったがえしているのは駅だけじゃなかった。私たち三人は料理を飲み込むように食べたが、どこへ何を入れたのか？

私たちが乗る火車は午後五時四十八分発の特快九七次鄭州発ウルムチ行き。まだ数時間待たなければならない。昼間の気温は日々四〇度は楽に越えている。暑い、痛いほど暑い。

私たちは計画を練った。とにかく乗れるどこの乗車口からでも乗り込もう、乗ったらデッキでもどこでも荷物番はSさんと私でしっかり。中国での荷物番はヒジョーに重要。Hさんは乗ったらすぐ臥舗車輛まで走り車輛服務員に臥舗の空きがあるかどうか、あれば天国なければ地獄、運を天に任すしかない。

特快九七次は定刻に入ってきた。ものすごい人、ものすごい荷物、いつものことながら火車乗り込み危険度二〇〇パーセント。ヒェーと悲鳴をあげている場合ではない。

私たちは計画通り実行。Sさんと私は死に物狂いで乗り込んだデッキで荷物を抱えて、Hさんをじっと待った。

火車は定刻に動き出した。どれほどの時間が過ぎたのか？　ようやくHさんが帰ってきた。にこやかなHさんの顔を見て〝マル〟、天国だ、ああ良かった、助かった、幸運。

私たち三人は荷物を抱えて硬臥舗車輛に移った。私は上舗、十七元の追加料金。切符はまとめてHさんにお願いした。梯子段を這うように一番上のベッドに上り、いつものように黒カバンを窓側に置いて半分枕代わり、リュックは隣ベッドとの仕切り板の方にくっつけ、ウエストポーチはカバンの下に置いた。

今までの張り詰めた緊張が安心で〝フッ〟と緩んで、疲れが〝どっ〟とおしよせ、むちゃくちゃな暑さに、とても目を開けていられず上下の瞼が自然とくっつく、眠たい、眠くてたまらない。

いつの間にか眠ってしまったみたいだ。目が覚めて時計を見ると午後十一時を過ぎている。火車は丁度ハミ駅に停まっていた。ハミは有名なハミ瓜の産地。甘さバッグンのラグビーボールみたいに細長いメロンだ。

ハミは新疆ウイグル自治区、寝ている間に河西回廊《かせいかいろう》、甘粛省を出たようだ。

私は五時間も眠っていたことになる。午後十一時をまわっているというのに、外はまだ暗くない。トイレに行こうと梯子段を降りると下舗にいた子供連れの夫婦が一切れのハミ瓜をくれた。果物の天然の甘さに舌つづみ。実に美味しかった。ありがたいこと、感謝！

こんな時間なのに、火車の水はコックを捻るとまだ止まらず流れ出た。めずらしい、たいていい取水制限から時間で区切って水を止めることが多いのに。顔を洗って上舗に這い上がりまた夢の中へ。

七月十三日午前六時前。Hさんにトントン起こされた。預けてある切符をお願いし、午前六時二十分頃、憧れのトルファン到着となった。

柳園―トルファン　六八二キロメートル、十二時間半、硬座三十四元に臥舗追加料十七元。

二　オアシス　トルファン

午前六時半。トルファン駅は暗い闇。

寒い、風がきつい、砂嵐だ。おまけに大粒の雨もポツリポツリ、砂漠に雨？　信じられない！

全身を痛く打ちつける雨と砂混じりの向かい風、目も開けていられない、前に進むどころか後ろへ押し戻される。身体ごと吹き飛ばされ宙に浮く。砂ごとどこかへもっていかれそう。いままで出会ったことのない爆風だ。

トルファン駅は天山《てんざん》山脈の山麓にありトルファンの町までは約六十キロ離れている。

トルファン駅で降りた人たちは皆灯りのない暗い砂漠の道を激しい砂嵐と戦いながらバスターミナル大河沿《ダーハーイエン》に向かって歩いた。

私も必死で歩いた。気沈丹田《きちんたんでん》、両足を砂漠大地に踏ん張って前屈《かが》み、麦藁帽子は胸前に抱え、Tシャツは頭から盗人《ぬすっと》被り、サングラスは砂避け、トルファンの強烈砂嵐に負けないよう形振《なりふ》り構わず頑張って歩いた。

戦い進んで歩くこと十分、大河沿のバスターミナルに着いた。

薄暗い待合室に入ると、ところ狭しと人々が寝転がっている。新聞、ダンボール、布団を敷いて。バスを待っている人たちだろうか？

この光景に私はあまり驚かなかった。というのは中国の首都北京《ペキン》駅でも、中国南の玄関広州《こうしゅう》駅でも、四川省重慶《じゅうけい》の長江《ちょうこう》下りの船中でも、砂漠の道シルクロードでも、布団を小さく丸め背負って移動する人々や駅前広場の空き場所に布団を敷いて夜を越す人々を幾度となく見てきたから。

何と言っても中国は広大、ドデカイ大国。東西南北アチコチするには時間がかかる、時間というより日数がかかる。そして何をするにしても〝待つ〟ことから始まる。

私たち三人は切符売り場へ急ぎ、一番口に陣取り売り場が開くのを待った。

どこの国の人か白人が十人ほど、その顔を歪めてバラバラ待合室に入ってきた。彼らも私たちの後に続いて並んだ。

一時間余り待った。午前八時近くになって切符売り場の窓口が開いた。私たち三人は午前八時半発のバス、一、二、三の指定席を貰った。お決まりのオンボロバスだ。

バスはまた石コロ戈壁砂漠を行く。ガッタンゴットン凸凹リズムが次第に身体に馴染んだのか、私にはゆらゆらゆれる揺り籠リズム。トルファンの夜がしらじら明けてゆくのを、自然に閉じる上下の瞼に感じながらまた眠りに誘われた。砂漠の雨はもう止んでいた。

目を覚ますと、真っ先にたわわに実ったマスカット色に光る葡萄《ぶどう》が目に飛び込んできた。

通りを行きかう人々の顔が頭が目が鼻が服が、まるで違っている。今までは白黒映画、たった今の今、総天然色映画に変わった。

目の前がパッと明るく開けた。私は目パッチリ出目金目玉になった。

ここはどこ？　ここは中国？　ほんとに？

バスは一時間余り走ってウイグル族のオアシス、トルファンの町に着いた。

トルファン駅―トルファンの町　六〇キロメートル、二元三角。

ちっちゃなちっちゃな町トルファン。ト・ル・ファ・ン……い・い・ひ・び・き。

頭に白い四角い小さな帽子を被り、顎に白く長い立派な髭を蓄えたおじいちゃん、キンキラメ入りや赤、青、黄、緑、橙、ピンク、色とりどりのネッカチーフをその長い髪をかばうように巻いたおばあちゃん、若い母や娘たちはいろいろな模様のカラフルな色合いの膝下までの長いワンピースドレスを着て、お尻まで届きそうな三つ編みした黒髪に、原色の糸で繊細な刺繍《ししゅう》をしたものや、色とりどりのビーズやスパンコールを散りばめた四角い帽子を被り、颯爽《さっそう》と胸を張って歩く。

バスターミナルを出て、私たちは少し歩いたところにあるトルファン賓館に宿をとった。トルファン賓館の前の通りは緑の葡萄棚のアーケードがあって強い太陽の日射しを和らげてくれる。翡翠色に熟れた葡萄の実は、今が採り頃、食べ頃、美味し頃。

私は十三、十四、十五の三泊を手続きした。四人ドミトリー、一泊十四元。一緒に宿をとったHさんも三泊の手続きをした。

部屋は小さな窓が一つしかなく、薄暗く狭い。中に入ると、三十代後半の日本女性らしい人が、奥の窓際にあるベッドにあぐらを組んで座っていた。私はとりあえず「ニイハオ」の挨拶、彼女も「ニイハオ」と笑顔で返してくれた。

「日本の方ですか?」と私が聞くと「そうです」と言った。入り口の左右のベッドに荷物があったので私は彼女の向かいの空きベッドに腰をおろした。

彼女はYさん、一昨日トルファンに着いたらしい。Yさんは町を巡り歩いてこのトルファンの町がとても気に入った、あと一、二日滞在する予定だと言った。そして同室の二人は白人男性と東洋人男性だとも言った。

HさんとSさんは多分それぞれ別の部屋に入ったように思う。三人一緒にカウンターで宿泊手続きをして、私とHさんは一枚の領収書だった。Sさんは中国人なので金額が違うのかもしれないし、支払う紙幣も人民幣で、私たちの支払う外貨兌換券と別勘定なのだろう。

しばらくして、Hさんが十三、十四の二日間、タクシーを交渉してトルファン郊外の名所旧跡を一緒に巡らないかと言ってきた。

トルファンには路線バスや観光バスのアシがなく、貸し自転車もなかった。あるのはロバ車と軽トラック？　軽タクシー？

タクシー交渉は人数を揃えるとかなり割安になるというのでHさんは頑張って賓館の宿泊客、それも一見外国人に声をかけたが、残念ながら「もう見てきた」と断られ、結局私たち三人と一人の日本人女性の四人でトルファン郊外を巡ることにした。

タクシー交渉はHさんとSさんに任せた。結果、今日十三日は午後六時から近場を、明日十四日は午前七時出発で遠方をということになった。

私は時間までのんびりしようと部屋に戻ると、Yさんが昼寝をしていた。静かに入っていくと彼女は起き上がり何かを話したい風《ふう》でボソボソ語り始めた。

彼女は三十九歳、出身は九州、失恋を機に東京へ。以来約二十年東京暮らしだったが、東京のアパートは家財道具を全て売り飛ばし、最小限の荷物を抱え旅に出た。信じて長く交際してきた男性に貢いで貢いで、そのあげく捨てられ、意を決して日本脱出、日本を捨ててきた。これから中国西域を巡り、パキスタンへ出て中近東の国々にしばらく滞在して……と言った。中国旅案内本を片手に、英語もＹＥＳ、ＮＯ、中国語もニイハオ、シエシエくらいで何も分からないけど、〝どうにかなるさ、なんとかなるさ〟でここまで来た。

これからも〝どうにかなるさ、なんとかなるさ〟の旅を気の済むまで続けてみます、と言った。

見るからに普通の女性、むしろ知らない異国をたった一人で旅するような芯の強さを微塵も感じない、ごくごく普通の人、こういう人にいままで出会ったことがなかった私には、目の前で淡々と話す彼女が何故か素敵に見えた。

「でもね」と彼女が最後に付け足したことが、彼女らしいといえば彼女らしいのかなと思った。

それは彼女が日本から船で二泊三日、上海の港に着いて初めて踏んだ中国の宿でのこと、マレーシア系？　タイ系？　の男性に、「困っている、お金を貸してほしい、必ず返す」と言い寄られ、多分自分は騙《だま》されているんだろう、貸せばきっと戻ってこないだろう、分かっている。だが、懇願し続ける彼を前に、とても断ることができなかった。結局二百元を渡してしまった。因《ちな》みに当時、大学教授の月給は二百元くらいと聞いた。

約束の午後六時、賓館門前に交渉したタクシーが来た。運転手はウイグル族のお兄さん、紺の人民帽、紺のズボンに白長袖カッターシャツ、優しい目をしたお兄さんだ。

いよいよトルファン不思議探索、出発！

東へ少し走ると、土色の巨大な煙突風の塔が砂漠の中にヌーと現れた。蘇公塔《そこうとう》だ。日干しレンガを巧みに積み上げ、その高さは三、四十メートルはありそう。塔の下方はまんまるデブッチョ、上方にいくにつれ次第に細くなっていて、丁度タケノコ型かな。積み上げた日干しレンガは何やら模様を刻んであって、塔の数ヶ所に空気穴か？　縦長の穴があけてある。不思議な塔だ。資料では十八世紀後半、当時のトルファン王の蘇氏が父の功績を讃《たた》え建造したとある。塔の下はイスラム教のモスクがある。これも土色一色。

次に雨水の少ない砂漠のオアシスならではの素晴らしい知恵「カレーズ」に向かった。漢字で坎儿井と書くカレーズは灌漑《かんがい》用の地下水道のこと。山の麓から地面に縦に穴を何本も畑に向かって掘って、その底を今度は横に穴を掘って繋ぐ。山からの雪解け水はこの縦穴、横穴を通って畑に注がれオアシス作物の実りを作り、トルファンに生きる人々の生命を守る。まさに生命の泉。

地上に立つと、見た目には何の変哲もない目立たない入り口というか、小さなほら穴がある。

一歩中に入ると人が踏み均《なら》してなだらかになった斜面があってトロトロ小刻みに滑り降りていくと浅い小川が流れている。私が水際に立つと土天井は私の頭より七、八十センチ上にある。大変な労力だ。

流れる水は清く澄んで所々に緑の雑草が生えている。もしかして、小魚や小エビや小ガニが住んでいるかも。鍾乳洞《しょうにゅうどう》の洞窟みたい、石灰ならぬ砂土洞窟だ。

私がこの珍しい砂漠の知恵に感動を覚えていると、四、五歳のウイグルの男の子女の子が十人ほどズルズル私の後ろに整列して斜面に座り込んだ。感動している私が珍しいのか、人懐っこい笑顔でじっと私を見つめている。私の一番近くにいた男の子に一緒に写真を撮ろうか？　と言うと彼は笑って「いいよ」と返事。私はカレーズのほら穴で記念の嬉しい一枚をパチリ。

彼らにさよならを言って西へ向かった。

交河《こうが》故城《こじょう》に着いた。目の前に広がるのは砂漠の土の残骸、泥土の町の廃墟。古き二千年の昔、漢代にはここに都を置き、政治、軍事の中心だったとある。

大きな二つの川に挟まれた高い台地で、その中央を南北に大きな通りがはしる。大通りを右へブラブラ左へブラブラ、どこをどう見てもあるのは泥土、日干しレンガの乾燥風化した跡。

いつものギンギラ強い太陽が灰色の雲に隠され暗曇の空、時折髪を撫でていく砂漠の風が、土壁の迷路に迷い込みクルクル迷い廻っている私を遠い昔に引き込んでしまう。不思議な不思議な気分になる。

涸れた川を臨む高い台地は楽《らく》に二、三十メートルはある、背筋がゾクゾクとするような断崖絶壁の上、涸れた川には緑の農作物を耕しその両側に背の高いポプラ。

その昔、この砂漠の川には生命の水が溢れていたのだろうか。

今日のトルファン不思議探索はここまで。

午後九時半頃、賓館に戻った。やや疲れ気味。明日は午前七時出発。早く寝よう。

七月十四日六時半起床。七時賓館門前。契約タクシーは七時十五分に迎えに来た。二日目のトルファン不思議探索、まずはトルファンの町から南東へ四、五十分、アスターナ古墳に着いた。

地中にある墓室に向かって地上から斜めに日干しレンガを敷き詰めた階段の参道を数メートル下りていく。暗い地中の墓室に入る。

三世紀から八世紀頃の高昌国《こうしょうこく》時代の男女のミイラがあった。これには何とも〝び、びっくりしたなあ、もう〟である。全身に悪寒が走り、ブルッと鳥肌がたった。場所が場所だけに、じっとじっくり見つめることができなかった。もう一つびっくりしたのは墓内に描かれた壁画。唐代の人物や草花、アヒル？　カモ？　鳥？　千数百年を過ぎた今日もかなり鮮明に残っている。

アスターナ古墳から南へ四キロほど離れた高昌故城に向かった。

途中、不思議な不思議なアクシデント発生。年に数えるほどしか降らないという雨。それが、昨日の夜は大雨だったらしい。

アスターナ古墳から高昌故城に向かう道路が、一部雨水に浸かってしまっている。その浸水した道路の中央よりで、ロバ車が身動きできない状態で立ち往生している。ロバ車を引いているのは十歳前後の紺の人民帽を被ったウイグルの男の子。彼は太股まで泥水に浸かりながら、うずくまったロバを立たせようと、かけ声をかけ綱を操るが、ロバはなかなか立てないでいる。ロバは運悪く道路の窪《くぼ》んだ穴に後ろ足を突っ込んでしまったようだ。可哀想に骨折、捻挫《ねんざ》がなければいいのに……。

私たちの車はスピードを落として、雨水に浸かって見えなくなった道路をノロノロ静かに泥水を跳ね上げないようにしながら、上手くロバ車の横を擦り抜けた。

どうなるの？　私は気になって後ろ向きにロバ車をじっと見ていた。少しして遠目に男の子がロバを抱えるようにして立っているのが見えた。ああ助かった。良かった。胸を撫で下ろした。

高昌故城に着いた。

漢代から数世紀の長きにわたり高昌国は国都として政治、経済、文化の中心として栄えたと、西域案内本にはある。かつての大都は土壁の風化が激しく、昨日見た交河故城と比べるとかなりひどい荒れ様だ。だだっ広い黄色い大地に点々と崩れた栄華の面影を残すだけ。

私は広すぎる荒れた大国大地をウロウロ、時々かくれんぼしながら歩いた。もしかして昔の人に出会うかしらと。

ふと気がつくと、五メートルほど離れたところに紺の人民服に白地に緑糸で刺繍した四角いウイグル帽を被った十二、三歳のウイグルの男の子が立っていた。この広い荒地、音もなくどこから来たのか、周りを見渡しても人影一人すらない、ただあるのは高昌国の夢の跡。

不思議な子、いくら話しかけても彼は一言も答えてくれない。ただ顔の表情をいく通りも変えるだけ。私は「再見！」と、手を振った。彼はひょっとこ顔を作って私に背を向けた。ほんとに不思議な子。

その時、私は高昌国の荒れた大地に緑の葉と白い花を見つけた。実も見つけた。その植物は大地にタコの足のように茎を這わせ、葉は四、五センチの楕円形で濃い緑、花は真っ白の花びら五枚？ で葉より少し大きく、雄《お》しべ雌《め》しべが真ん中でピンと立って、その実は色も大きさも丁度キウイフルーツみたい。

私は勝手に、この植物に夢見草と名付けた。

その昔三蔵法師が仏典を求めたインドへの旅の途中、高昌国王に望まれて滞在したとある。この夢見草は法師に出会っているだろうか。崩れた高昌国をあとに車はベゼクリク千仏洞へ向かった。

目前に何とも奇妙な紅い岩山？ が出現。

そういえばアスターナ古墳、高昌故城へ行く途中、左手に山の頂きから麓まで、誰かが何かで引っ掻いたような切れ込み襞襞《しわしわ》の泥土赤茶色の岩山を見続けたが、これが砂漠の山の不思議だろうと思っていた。

ところがどっこい、不思議も不思議、摩訶不思議。目の前に現れた山は燃えるように真紅に染まり、ユラユラ、メラメラ、その炎は天に向かって立ち昇る陽炎《かげろう》。気が遠くなるほどその紅い火の山は続く。

その燃え盛る炎を孫悟空が妖怪の扇を奪って消し止め、三蔵法師一行の無事通過となったという西遊記の一説。燃え盛る炎の紅い山、〝火焔山《かえんざん》〟が今、私の目の前に立ちはだかる。

ゴダイゴのガンダーラをバックに、觔斗《きんと》雲に乗った孫悟空がヒューと天空から舞い降りてきそうだ。

車道横には三蔵法師を祀った小さな祠《ほこら》があった。法師の右前に白馬を引いた沙悟浄、左前にデカ腹を突き出した猪八戒、祠の上に如意棒を抱えた孫悟空がいた。さぞ苦難の旅の重なりだったに違いない。

ベゼクリク千仏洞、河の岸壁上に掘られた六～十四世紀の石窟寺院。敦煌に描かれ刻まれた壁画や仏像に似たものもあるが、仏や菩薩の顔や手足が引っ掻かれ、削りとられ、もぎとられ、見るも無残な姿となって残されている。その形を成さないものもある。これもみな時の流れといってしまうには、何とも勿体なく残念なことだ。侘《わび》しく切なく寂しい思いで、悲しい運命に出会った石窟寺院をあとに次の目的地へ向かった。

二時間ほど走った。アイディン湖に着いた。

アイディン湖は海抜マイナス一五四メートル、世界第二位の低地にある湖、塩の湖だ。湖といっても水があるわけではない。見渡す限り白い塩、ずっとずっと遥か遠くまで白い塩、塩砂漠だ。

春には雪解け水で湖の出現となるようだが、夏にはその水も大空に昇ってしまい、湖は消えてしまう幻の湖、白いアイディン湖。

塩田？　湖のほとり？　に幅二メートルくらい、深さ一メートルくらい、長さ十メートル以上の溝を、間隔をおいていくつも掘って、中にあるのは真っ白な塩、溝の間に高さ五十センチ、縦横一メートル四方の台形のこれまた真っ白な塩の塊が無数にある。貴重な天然塩だ。

私は塩の畑を通り抜け、初めて見る水のない湖の前に出た。塩砂漠を少し歩いてみようと、私は沖に向かって真っ直ぐ歩き出した。何歩進んだか、ズボッ！　突然私の右足は湖中へ引き込まれた。キャー！　私は一瞬の出来事にパニクった。沼地に嵌《は》まってしまったと同じ、慌てて引き込まれた足を抜き上げようとしても、もがけばもがくほど深みに入る。ズボッ！　ズボッ！　と沈んでいく。左足もとられそうになった。

私はこの時「誰か助けて！」と大声で叫んだつもりだったが、声にならない声で、心で叫んでいたのかもしれない。それが証拠に誰一人、私のそばに来なかった。はっきり覚えていない。

私は無我夢中。歩いてきた硬く固まった塩砂漠の方に倒れかかるように両手でしがみつき、深く落ち込んだ右足を、思いきり上に持ち上げ、抜き上げた。縛られたように窮屈で重かった足がフッと軽くなった。ああ助かった。良かった。安心で力がスーと抜けた。

私の両足は濡れた塩砂でズボンも布靴もズブ濡れ、捏《こ》ねた生コンに足を突っ込んだみたいに塩砂だんごの灰色一色、ヨタヨタと皆の所に戻ると、皆口々に「どうしたの？」と聞く。私は少々きまりわるく「落ちた」と一言。

私は忘れられない記念に、アイディン湖の天然塩を手のひらに少し頂いてきた。しょっぱいしょっぱい記念になった。

しょっぱい塩の畑から今度は甘酸っぱい葡萄の畑〝葡萄溝《プータオゴウ》〟へ。

紅い火焔山の西の山あいに緑のトルファンオアシス葡萄畑が一面広がっている。高さ四、五メートルの葡萄棚が涼風を誘い、砂漠の太陽を忘れさせてくれる。翡翠色の実がたわわに実る葡萄棚の下を颯爽と行く女性は老いも若きも鮮やかな色彩のウイグル衣装を身に纏《まと》い香るような華やかさを感じさせる。

マスカットを小さくしたような翡翠色の甘くみずみずしい葡萄は〝马奶子《マーナイズ》〟といってここトルファンの名産。私は大きな一房をペロリたいらげてしまった。

腹の虫の鳴きはまだまだおさまらず、屋台で〝伴面《バンミィエン》〟を食べた。美味しいと聞いていたが、当たり外れがあるのか、これはあまり美味いとはいえない味だった。うどんと具を混ぜ合わせた焼きうどんみたいなもの。三元はちょっと高い気がした。

公団住宅のように林立する干し葡萄小屋を横目に、途中珍しい雨に出合ったりしながら二日目のトルファン不思議探索は終了した。

ぬかるんだ塩砂漠に引き込まれた私の右足はカンカラに乾燥してヒリヒリ痛い。

七月十五日早朝。向かいベッドのYさんが次の目的地に向け旅立った。

私は午前九時、三日目のトルファン不思議探索に町へくりだした。

大通りを避けて小さな通りをあっち見こっち見。小さな広場で一つ面白い物を見つけた。木製のゆりかご。多分ゆりかご。木でドーム型に枠を組み、大きさは赤ちゃんが横に寝て少しゆとりあるくらい。だが寝かされた赤ちゃん、ちょっとかわいそう。赤ちゃんの太股から膝にかけてのところと胸、肘のところの二ヶ所に幅十センチほどの太いベルトでゆりかごごとがんじがらめ、手足をバタつかせると危ないからだろう。その側に珍しいウイグルの双子の男の子。二歳くらい。白カッターシャツに紺の短パン、茶のサンダル、ツルツル丸坊主、頭のてっぺんだけ少しの髪を残し、長く伸ばして三つ編み丸坊主。私は〝プッ〟と吹き出してしまった。このユーモア髪型ファッションは最高！　日本で流行《はや》るかも。

一人は青色の三輪車に乗って空を、もう一人は澄んだ目で私を見ている。私は二人の何ともあどけなく可愛い三つ編み丸坊主頭にしばらく見惚れていた。

トルファン博物館に着いた。中にはベゼクリク千仏洞の壁画やアスターナ古墳から出土した陪葬品《ばいそうひん》が多い。きわめつけはミイラ。六〜八世紀のもので、全部で六体。髪、眉、髭、歯、手足の爪、ほぼ完全に残っているし、ミイラの立派な体格には驚いた。古墳内ではドキドキ、まともに視線を向けることができなかったが、今度はじっくり見せて貰った。

外に出ると雨がパラついていた。不思議不思議、私がトルファンに来て三日目、毎日雨がパラつく。♪雨雨降れ降れ♪と口ずさみながら、バザールに向かった。

私は行く先々、必ず大好きな自由市場をウロつくことにしている。トルファン庶民が賑やかに行きかうバザールを覗《のぞ》くと、彼らの生活が見えてくる。長く広いアーケード内には、色鮮やかな絨毯や独特な刺繍入り民芸品、衣類、器類、台所用品、食品、ところ狭しと並ぶ。私はトルファン名産の马奶子干し葡萄を買った。百グラムや二百グラムではいくら頑張っても売ってくれず、結局五百グラム買うはめになった。五元。一味違う天然の甘味、とにかく甘い。

香ばしい匂いにつられつられ、二、三軒並んだ食堂前に来てしまった。テーブルの上のホーローの大皿に焼いた少し大きめの餃子風肉饅を積み上げてある。聞くと〝烤包子《カオバオズ》〟と答えた。母子なのか、店の二人は物欲しそうに立つ私を見て笑いながら、手を休めず丸く平たくのばした小麦粉にせっせと具を包む。

側で烤包子を食べていたウイグルおじいさんが顔をクシャクシャにして、「美味いよ、あんたも食べな」と、人懐っこく私を誘う。超食いしん坊の私としては、誘われるままペロリ五個たいらげた。具を包んだ皮がふっくら香ばしく焼かれてカリカリ、具の羊肉の臭みもなく、油っぽくなく、手ごろなおやつ。

バザールの門を出たところにヨーグルトの店があった。細長い陶器が並んでいて、初めは何だろう？　と考えたが、〝酸奶《スワンナイ》〟と言われてヨーグルトだとわかった。陶器の器が気に入った。試しに一個、五角。ストローをつけてくれた。最高！　最高！　日本のヨーグルトなど目じゃない。私は続けざま三個、腹におさめた。ヨーグルト売りのおばちゃんがあきれ顔で私を見ていた。私は満足顔で「謝謝」でサヨナラした。

賓館で一休みしたあと、町とは反対方角をウロつくことにした。泥土壁の塀が続く通りには二輪の荷台を引くロバ車が行きかう。荷台には数人の客が思い思いの格好で座っている。ロバタクシー？　時折三輪バタバタ車も走る。

直径十五センチほどの丸く平らに焼いたパンを数枚ずつ積み重ね、リヤカーの荷台いっぱいに置いてある。売り手は十四、五歳のウイグル男の子二人、濃紺の帽子を斜めにカッコ良く被った一人は平気な顔で紙巻きタバコに火をつけ、これまたカッコ良くプカプカふかす。もう一人はその両手を小麦粉で真っ白にして、笑って横目で私を見ながらパン生地を捏ねる。私は「これ美味しい？」と聞くと、そばで新品のバイクに跨がったおじさんがすかさず「美味しい」と私たちの会話に仲間入り、カメラを向けても怪訝《けげん》な顔一つせずニッコリしてくれる。私は素朴でくったくなく、人懐っこい彼らと少しの会話を楽しみサヨナラした。私は彼らと一緒にいて少しも違和感を覚えない自分が不思議だった。

泥土壁の通りを歩くうち、この土壁の中は、一体どうなっているのだろう？　と、ふと出来心で、ある一軒の土壁の小さな入り口、おどおど覗き込んだ。日本なら一一〇番ものだろう。色鮮やかな矢がすり模様のウイグル服を着た娘さんと目が合った。私は我ながら図々しいにもほどがあると思いつつ、中を見せて欲しいというと、気持ち良く笑顔で「どうぞ」と中に入れてくれた。土壁の中には白い壁のキレイな家があって、その奥には緑濃い野菜がいっぱいの畑があり、家の前の広場は葡萄棚が格好な日除けになってとても涼しい。葡萄棚の下にはベッドやテーブルが置いてある。ベッドではおばあちゃんと一歳くらいの赤ちゃんが遊んでいた。娘さんと思った人はお嫁さんだったかもしれない。彼女はどこの馬の骨かわからない私に親切にお茶を入れてくれた。私は三代記念の写真を一枚撮った。住所を控え、必ず郵送することを約束して「謝謝」でサヨナラした。

続けて泥土壁の通りを歩いていると、日干しレンガ作りに出会った。通りの広場を利用して何百という泥土レンガを並べて、様子を見ながら四面を上手く転がして日干しレンガを完成させていく。これぞ正しく手作り。いいなあ。好きだなあ。しばしボーッと彼らの作業を眺めていた。

次に歩いた小さな通りは、泥土壁の塀の外を浅い小川が流れていて、その小川に沿って緑の並木がある。小川といってもクワを入れて作った手作り小川、流れている水は赤茶の泥土水。二人の女の子が水遊びをしている。私がカメラを向けると、はにかみながらもいい顔をしてカメラにおさまってくれた。

土壁の向こうに、たわわに実った马奶子の葡萄棚を見つけた。私は覗き込み、今度は黙って塀の中に入った。庭のベッドに横たわったおばあちゃんがいた。私はニーハオと言いながらおばあちゃんの側へ行くと、「どこから来たの？」「日本から」。おばあちゃんは熟れた葡萄を指さしながら、私にどれでも好きなのを採って食べるように言って、日本を知ってか知らずか家の中にいる人を呼び集め、一人一人紹介し始めた。娘三十三歳、嫁三十二歳、孫十五歳と六歳、おばあちゃん五十八歳、腰痛で困っているという。おじいちゃんは？　と聞くと、おばあちゃんは目を閉じて両手を合わせて耳元へもっていき、永遠の眠りについたことを言った。私はかける言葉なく、「身体に気をつけて」と家族の写真を一枚撮ってサヨナラした。勿論、写真は郵送した。

今の私なら、鍼《はり》でおばあちゃんの腰痛を少しでも楽にしてあげられるのに。おばあちゃん元気だろうか、三十年過ぎた今も、ベッドに横たわったおばあちゃんの優しい顔が浮かぶ。

午後九時、賓館に戻った。十時から賓館内でトルファン民族舞踊があるというので出かけてみると、なんとびっくり、♪うさぎおいしかのやま……♪　聞こえてきたのは日本語で歌う日本の曲『ふるさと』だった。弦あり、太鼓あり、アコーディオンあり、ウイグルの民族楽器五、六種類の奏でる音色は絶妙にマッチして、日本への郷愁を誘う。私は胸熱く感動した。涙が知らず流れた。

きらびやかなウイグルの民族衣装を身に纏った男女八人が、民族楽器の奏でるリズムに合わせ舞う姿は陽気なウイグル族そのまんま、自然と私の手足が動き出し身体が踊り出す。私は演歌が好きで、今まで他の音楽を聞いても、ただうるさいとしか聞こえなかった。それが全く違った。トルファン音楽というかウイグル音楽というか、魅せられてしまった。早速、私はカセットテープを買いに走った。一番有名な歌手の歌うテープを二個買った。トルファン不思議探索の三日目はこうして幕を下ろした。

私は今でもよくこのテープを聞く。なかでも♪吐魯番的葡萄熟了（トルファンの葡萄は実った）♪は大好きな曲で、歌詞を見ながら唄えるようになった。

歩けば歩くほどトルファンが好きになった。もう一日トルファンの涼風を感じたいという思いが心をよぎった。次の目的地に会う約束をした人がいる。遅れては約束を破ることになる。やっぱり明日発とう。

いつか必ずもう一度来るぞと心に決めて、明日次の目的地に向かうことにした。

三　トルファン―コルラ

七月十六日午前八時。バスターミナルでコルラ行き切符を求めて並んだ。ところが窓口でコルラ行きは満員で乗れない、切符はない、と言われてしまった。私は爆発した。前々日、前日と切符購入のため窓口に並んだ、その度に「もうない、次、来い」「次何時に来い」と、二度三度追い返され、切符は手に入らないまま。中国では良くあることだが、それにしても窓口の態度がなってない。一気に湯気が立ち昇った。

私は中国で、〝待つ〟ことをしっかり学んだはずだったが、ここは、そうはいかなかった。火を噴いてしまった。

私は日本語でわめいた。当然、窓口は私が何を言っているか分かるはずがない。どれほどの時間わめいていたか？　すると窓口から切符が出てきた。

夏時間午前九時四十分発のカシュガル行きの便だった。夏時間は北京時間より一時間早くしてある。

私の好きなゆりかごバスが待っていた。バスの屋根はいつもの如く、大きな荷物を積み上げ、網を被せたり紐で括りつけたり、荷が転げ落ちないようにして大きく膨れ上がっている。係員が切符を確認しながら、奥からカシュガル、アトス、クチャ、最後にコルラの順で乗せていく。座席はあるの？　わめいた手前、内心ヒヤヒヤ。案の定、私は最後に乗り込んだ。あったあった一番前通路の補助シート。手提げ荷物を足下に、リュックは胸前に抱えて安心の腰を下ろした。なにせコルラまで十二時間の長旅になるから。

心にゆとりができると顔も緩んで、なんとなく嬉し楽しの気分になる。ぐるりバス内を見渡すと九分九厘ウイグル族、中に一人二人漢民族？　もいる。

バスは緑豊かな町トルファンをあとに、元気良く走り出した。

草木一本ない岩山の連続を横目に、砂漠の一本道をひた走る。全開の窓から入ってくる強烈な砂漠の太陽と舞い上がる砂埃で目は開けていられない。しかし、快適なゆりかごバスのリズムにのって睡魔が襲ってくる。写真を撮るどころではない。乗り合わせた人々との会話どころではない。皆が皆、ボーッと力なく身体をゆりかごバスに任せている。

途中、三回休憩をとった。トレイはどこ？　と尋ねることもない。相手は大砂漠、いつもいつも小屋のある休憩場所とは限らない。男たちは適当にそこここで、女たちはというと、これも同じ。適当に見えないようなところを探して、私も右へならえとばかり、彼女たちの行く方へついていく。習うより慣れろだ。

とにかく暑い。文句なく暑い。

小さな店には飲み物が置いてある。喉から手が出るほど欲しい、飲みたい。相手は大砂漠、冷蔵庫などというシャレたものはない、例えあったとしても、ここでは冷える間がないからないに等しい。ただ小屋前に並べてあるだけ。焼けた砂の上に転がしてある。

私は意を決してビールを一本買った。何故ビール？　何故ならミネラルウォーターより安いから。大瓶だ。砂の上に置いてあるビールのラベルは新疆ビール。栓を開けるとあの喉をくすぐるようなシュワーの音もなく、泡一つたたない。言わばカンをしたビール。私は味わいもなにも一息に飲み干した。

トルファンを出て十時間が過ぎた頃、エンギ県という所を通りかかった時、私の目の前の風景は黄一色に染まった。砂漠と草木一本ない灰茶色の山肌、無表情な光景から一転、真《ま》っ黄《き》っ黄《き》の世界、思わず頭のてっぺんから上擦った声が飛び出した。

向日葵、ひまわり、辺り一面ぜーんぶ向日葵、ひ・ま・わ・り。

大輪の花は生き生きと大空で眩しく輝く太陽に向かって咲いている。時折吹く風にその大輪の花はゆらゆら揺れて舞っている。花たちの揺れ舞う波動が、私にもビビビと伝わる。私はこの時ほど堂々と太陽に向かうひまわりが素敵に見えたことはなかった。感動した。心弾んだ。大好きになった。二十年ほど前に見たソフィア・ローレンとマルチェロ・マストロヤンニの映画〝ひまわり〟を思い出していた。

午後十時前、コルラバスターミナルに着いた。

トルファン―コルラ　三七四キロメートル、十二時間、十五元七角。

四　オアシス　コルラ

オアシスというにはほど遠い町。昨日までのトルファンとはえらい違い、正に砂漠の町、薄汚れた白褐色の町、西部劇映画に出てくる土埃に塗れた町そのものだ。

砂混じりの埃っぽい空気は私の目も耳も鼻も口も身体中の皮膚を覆い隠してしまった。十二時間のゆりかごバスはさすがが堪えた。

私はヨタつきながら、お決まりの格好で地図を頼りに、友達と待ち合わせの場所と決めていた巴音郭楞《バインゴリン》賓館に向かった。

バスターミナルの側を流れる赤茶に濁った川、水は豊富にあるんだなあ、とボソボソひとり言を呟きながら歩いていると、ロバ車が鈴を鳴らして「乗らんかな?」と近づいてきた。

「巴音郭楞賓館までいくら?」と聞くと、「三元」と答えた。私が高いと言うと「二元」と答えた。私は一元でどうだと頑張ったが交渉不成立。結局、私は歩いて目的地の賓館に着いた。

巴音郭楞賓館は丁度高層賓館に生まれ変わろうと改築中、きっとコルラ一番のノッポビルだろう。

私はフロントで宿泊手続きをした。ツインは？　高い、三人ドミトリーは？　高い。一番安い部屋を聞くと、四人ドミトリーでなんと一泊十七元五角、私は咄嗟に「高いなあ！」と一言。フロントは無愛想に私を無視するような態度。イヤならとっとと出ていけと言わんばかりだ。時間も時間だし仕方ない、とりあえず一泊。

三一九号、階段を上って一番奥の部屋。

部屋に入ると中国人の若い女の子二人がいた。ベッドは四つ、彼女たちは窓際のベッドを使っているようだった。入り口左右のベッドは荷物も何もないようだが、両方ともシーツが今まで人が寝ていたようによじれている。私は彼女たちに「ここ空いてる？」と右のベッドを指さすと、「知らない、日本人が一人いたけど、今日出ていったみたい」と答えた。

今日は一日疲れた、とにかくシャワーだ。私はいつものように枕もと壁際に手提げ荷物とリュックを置いて、着替えを持って、勿論首にぶら下げた小袋とウエストポーチ、カメラは離さない。

一階の奥にシャワールームがあった。奥に細長く畳を二枚繋げたくらいの広さにシャワーが三つあった。三つとも使用中だったので、ドアの外の廊下で待った。二、三十分も待ったろうか、一人出てきた。

シャワーは一つ一つ区切られているが、着替えを置く場所がない、皆はシャワーを出た細い通路に置いたり、窓際に二、三、雑に立て掛けた板の上に置いたり。私も彼女たちと同じにした。一つ違うのはナイロン袋。私は、シャワーを浴びる時はいつもナイロン袋を数枚用意している。一枚は首にぶら下げた小袋とウエストポーチ、カメラを入れる。一枚は脱いだ服の洗濯物入れ。今日は着替えを置く場所がどうにかあったので使わなかったが、ない時は小袋とポーチ、カメラを入れた袋に入れて濡れないようにしておく。

シャワーを捻ると、勢い良くいい湯かげんの湯が出た。嬉しかった。一日の疲れがふっ飛ぶ。頭から思う存分の湯を浴びた。

宿泊場所によっては水だったり、熱湯だったり、湯の出かげんがチョロチョロだったり、シャンプーの途中で止まったり、シャワーの口が壊れて水管から滝の如く流れ落ちたり。

私は頭から湯を被りながら立ったたまま、シャワータイムのお決まりの行動に入った。洗濯だ。ハンカチや下着の小物は両手でモミモミもみ洗い、Tシャツやズボンの大物は両手のもみ洗いに加えて、片足を少し浮かせて我が太股を洗濯板替わりにゴシゴシ洗い、片足が疲れてだるくなると、もう一方の足。Gパンの洗濯が一番疲れる。洗濯が終わると、次は自分の洗濯。シャンプー、石鹸、洗濯粉にナイロン袋は私のシャワータイムの必需品だ。

ずぼらに着のみ着のままシャワールームに飛び込み、頭からシャワーを浴びながら着ている服を一枚ずつ脱ぎながら洗濯することもしばしば。

シャワータイムを終えると、私の太股はほの赤く染まっている。が、一日の旅の疲れを身も心も心地良く癒してくれる。

ナイロン袋を抱え清々しく三階の部屋に戻ると彼女たちはいなかった。午前零時を回っている。といっても、辺りが暗くなり始めたのは午後十一時を過ぎてから。

私は洗濯物干しにかかった。これもお決まりのベッドの頭側木枠に一枚一枚広げて干す。狭い限られた場所に少しずつずらしながら重ねて干す。翌朝目が覚める頃には、大きなズボンを除いて、たいていパリパリに乾いている。湿度の低い乾燥したサラサラ空気はこんな時、超便利。ただシャワータイムに要注意！　水の少ない砂漠のこと、水の使える時間、シャワーの使える時間が決められていて、下手をすると湯水の恵みを受けられなくなる。

小さな窓が一ヶ所あるだけで扇風機、空調は夢の中、おまけにシーツはよじれたまま、せっかくシャワーで心身ともにサッパリしたのにと文句タラタラ独り言、よじれたベッドで汗タラタラ大の字。

ウエストポーチとカメラは枕の下に、首からはずした小袋はまた首からぶら下げた。

貧乏旅の私はいつも〝多人间《ドゥオレンジィエン》〟といってドミトリーをとる。何国人だかわからない旅人が一部屋に数人集い、時には中国人と突っ込みになることもある。部屋の鍵もあってないようなもの。危ないといえば危ない。自分が荷物と離れる時は荷物が消えてなくなっても承知、なくして困る物は二十四時間肌身離さない。

首からぶら下げた小袋には、パスポート、旅行用小切手、日本円、外貨兌換券、人民幣の五種貴重品が入っている。

ウエストポーチには、財布、手帳、住所録他諸々《もろもろ》。財布には外貨兌換券と人民元の両方、その時その時に応じて使い分ける。

私は旅ではお金は三ヶ所に分けて持つ。一つは小袋、一つはポーチの財布、もう一つは小銭入れ、小銭入れはズボンのポケットかポーチの中。

彼女たちが賑やかに帰ってきた。少しの間、彼女たちと話をした。彼女たちはコルラからバスで数時間離れた砂漠の町からこの賓館に研修に来ているらしい。彼女たちの町にもホテルが建つようだ。タクラマカン砂漠の油田か？　研修はまだしばらく続くらしい。一泊六元でずっとこの部屋で生活している、と言った。ここは従業員用の部屋か？　それにしても三倍料金とは参った。

私は明々《あかあか》とした電気の下、彼女たちの話し声を遠くに聞きながら、遅々眠りについた。

友人と待ち合わせた時間は七月十八日正午、巴音郭楞賓館門前。

七月十七日。朝早くから人がガタガタ出入りして寝ていられない。

午前十時頃、別の宿がとれるなら宿を変えようと外へ出た。地図を頼りに二、三の宿を当たってみたが、皆クローズ、招待所では外国人はダメと追い返された。

仕方なく宿の変更は諦め、歩くうち腹の虫が鳴き始め大きな十字路の左角にある小さな飯店に入った。数人いる客は皆美味しそうにラーメンをすすっていて、私もつられて〝牛肉ラーメン〟を注文、結構な味だった。一元。

コルラの町の第一印象は汚い。今まで見てきた砂漠の町とは一風違って、とにかく汚い。緑が少なく、町全体が砂埃に包まれて、薄汚れて見えた。木陰を探すのにも苦労する。至るところでビルを建築している。舞い上がる砂埃はこのせいか。それにしても汚い。世話になった友人の故郷を、誠、けしからん表現となってしまって申し訳なく思うのだが、お世辞にもキレイで良い町とは言えない。友人の住む町であり、好きになりたいと思ってきたが、正直、好きになれそうにない。

そこここの看板にはウイグル文字と漢字が書かれている。が、コルラの町は漢民族が多い、漢民族の町だ。昨日までのトルファンの町とは大違い、色鮮やかなウイグル衣装を身に纏った母娘に一人として出会わない。

私は夕食用に小麦粉を練って焼いたパン、ナンを二個とスイカ一個を買って宿に帰った。無愛想なフロントで、十七、十八日の宿泊料を支払い、暑くて寝られないので扇風機を入れてくれるよう話してみたが、「没有（ない）」の一言で終わった。

私が明日十八日会う約束の友人はLさん。二十四歳の青年で、西安で知り合った。

彼はこのコルラの町で生まれた。彼が生まれた当時、中国では人民解放軍全軍に向けて発せられていた〝学習雷鋒《らいほう》〟、すなわち雷鋒に学べ、という運動があった。祖国のために尽くした人民英雄の一人である雷鋒の一字を貰って、両親が国のために役立つ人間になるようにと願って名前を付けられたそうだ。

久しぶりに会うLさんは元気でいるだろうか。明日がとても待ち遠しい。

酒泉、敦煌では午後十時を過ぎる頃、辺りが暗くなり始めた。トルファン、コルラになると午後十一時を回って、やっと陽が西に傾き始める。今夜も熱い夜がきた。


七月十八日。朝から服務員が部屋を開けたり閉めたりバタバタうるさくてしかたがない。暑さでよく眠れなかったうえに、毎日これではほんとに参ってしまう。

私は胸ワクワクで、早くから賓館入り口で立っていた。正午になってもLさんは来ない。不安になりつつ道路に面した大門を見ると、しゃがみ込んだ二人の姿が見えた。そのうち一人が立った。しゃがんだままでいるもう一人が間違いなくLさんだ。私は「Lさん！」と、声はりあげて手を振りながら走った。

私は半年ぶりに再会できたこと、約束が叶ったことを心底嬉しく思った。

Lさんは友人と一緒で、私たち三人は昼食をとりに自由市場まで歩いた。〝抓飯《ジュアファン》〟とビールを注文してくれた。抓飯は焼き飯に似ていて、スプーンでひと口ふた口み口。昨日眠れなかったせいか、Lさんに会えた興奮からか、食があまりすすまなかった。

市場を出て大通りを歩いていると、道端で大きな竹籠に、おはぎのような黄色でやわらかそうな丸餅をきれいに並べて売っていた。

一見、餅みたいだけれど違う。近づいてよく見ると果物らしい。日本にはない珍しい果物だと見入っていると、Lさんが四つ一元で買ってくれた。私は歩きながら一口かぶりついた。アレ？　これは？　Lさんに聞くと〝無花果〟。正真正銘〝いちじく〟だ。しかし、日本の〝いちじく〟とまるで違う。色は黄色、形はおはぎ餅の丸型、皮は薄皮で日本のように剥《む》けず皮ごと丸齧りする。味は日本のものに比べて甘さひかえめ、まあまあの味。ただ食感がベチャとしていて、なんとなく歯ごたえがない。熟《う》れすぎた〝いちじく〟というところ。

大通りで、Lさんは続いてヨーグルトを買ってくれた。一緒にいた友人が帰るからと言って、従兄弟《いとこ》の馬さんを電話で呼び出した。私はLさんが電話をかけている間、ヨーグルトを立ち飲み、一瓶空けた。

しばらくして、馬さんが来た。

私たち三人はアイスクリーム店に入った。所謂《いわゆる》、喫茶店だ。私は満腹で何も入らないからと言うのに、アイスクリームを注文、食べ切れないでいる私に、今度はビールを注文、コップにビールを注ぎ、その上に食べきれないアイスクリームを浮かべて、さあ飲め！ときた。私の太鼓腹はチャポンチャポン音を立て波打った。

Ｌさんはどこからかバイクに乗ってきて、私を賓館まで送って、七時半にまた来るからと帰っていった。

部屋に戻っても暑くて身体の置き場がなく、ボーッと七時半を待った。時間になって大門まで行くと、Ｌさんはまた友人と二人で来ていた。ところがＬさんの様子が妙だ。気分が悪く吐き気がすると言って、横道へ走った。私はＬさんに早く帰って休むように言って別れた。

Ｌさんは随分と私に気を使ってくれている、申し訳ない思いでロビーまで戻ってきた。サウナのような部屋に入る気になれず、ロビーで座っていた。従兄弟の馬さんが慌てて賓館に入ってきて私に気がついた。

馬さんは一言、Ｌさんのことを話して帰った。

Ｌさんは今、練功中で二十四日間何も食べていないという。断食か？　私は訳がわからないまま、ロビーでしばらくボーッとしていた。練功中とは大変な時に来てしまった、早めにコルラを出ようか……と、またボーッと寝そべるように座っていた。

日本語を話す二人の男性が入ってきて、ロビーの椅子に腰掛けた。商社マンか？　一人は中国人のようだ。どうやら油田開発の話だ。やっぱりタクラマカン砂漠の油田だ。コルラは油田開発基地か？　うんうんとうなずける、至る所のビル建築ラッシュ。

私は蒸し風呂の部屋で横になった。

七月十九日正午。Lさんはバイクで私を迎えに来た。昨日悪かった体調は少し回復したようだ。

コルラの町は、Lさんに任せていた。私はLさんの後ろに跨がった。着いたところはコルラ人民医院。病院？　私はLさんの後をついていくだけ。正面の大きな病院建物の横に小さな病棟があり、その通路を入っていくとすぐ、狭い通路に膝下ほどの低い簡易ベッドを置いて一人の女性が点滴していた。そばでかいがいしく彼女の世話をしている男性に、Lさんは気軽に声をかけた。男性は「おお！」と笑って私に挨拶した。

彼は王さんといってLさんの友人で、点滴を受けている女性は王さんの婚約者だと紹介された。彼女は下腹部に痛みがあって入院中、洗濯や食事の世話は全て王さんがしているらしい。

通路で横たわっているのは彼女だけではなかった。病室がいっぱいで、溢れた病人が簡易ベッドで横たわっている。狭い通路の半分は簡易ベッドが連なり、人一人通れるほどの空間が残されているだけ。

その病棟の入り口横に、蛇口が四つほどあるだけの狭い水場の小屋が建っていた。入院患者やその世話をする人々皆がこの水場で洗濯をし、一日三度の食事の準備をするのだそうだ。私がいる間にも洗濯したり、土の上にまな板を置いて野菜や肉を切って、炭火でニンニク炒めを作っているウイグルのおばさんがいた。

王さんは九三年には結婚する予定だと言った。あと二年か……、私は彼女が一日も早く元気になりますように……と祈った。

私は美味しい桃やスイカをごちそうになってしまった。

一時間ほどしてLさんの友人が来て、Lさんと私が乗ってきたバイクで出ていった。

Lさんと私は、王さんと婚約者の彼女にさよならして病院を出た。

Lさんと私は、今度はバスに乗って〝英下郷〟まで行き、次は乗り合いタクシーというかテント屋根の乗り合いトラックを交渉して飛び乗った。ゆりかごバスとはひと味違った乗り心地で、手摺《てすり》をしっかり持っていないと道路に振り落とされそうになった。

私たちはLさんの家に向かった。

泥土壁の塀の一角にある入り口扉を押すと、小作りの葡萄棚が頃合いの日除けをつくり、手前には大きな鉄格子の檻《おり》があってクックックックッと賑やかに鳴く無数の鳩がいた。四十羽ほどの鳩を飼っていると言った。

私は鳩を見るとついつい想い出すことがある。私がかつて住んだ奈良の公団住宅でのこと。

鳩が異常に多いことに気がついたのは住んでからのことで、私の住む五階ベランダ手摺に、鳩が毎日時間を問わず整列、クックックッと鳴く。私の住む棟だけではない、周囲も私と同じく鳩公害、鳩糞公害にアタマを悩ませていたのだと思う。鳩撃退の目玉風船を靡《なび》かせていた。糞掃除はすれどもすれども追いつかず、挙句の果て、ベランダ隅に上手く巣を作る。小さな卵数個、可哀想だからと巣立ちするまでじっと見守った。鳩は賢い、毎年同じ場所に巣を作り始めた。

ある時、ベランダで一羽の鳩が数羽の鳩に集中攻撃されている。その鋭い嘴《くちばし》でイヤというほど一羽の鳩をつっ突く。一羽の鳩は懸命に逃げ惑う。狭いベランダを逃げても逃げても数羽の鳩は追いかけつつ突く。飛び立とうと、渾身の力を振り絞って翼を羽ばたかせる。何度頑張っても数羽に一羽、飛び立てず小さくうずくまる。数羽の鳩はつっ突くだけつっ突いて、一斉に飛び立ってしまった。残された一羽の鳩は体力を消耗してしまったのか、動きが鈍くなった。一日、二日、時折、翼を羽ばたかせるが高い手摺に到底届かず、私はカーテン越しに「がんばれ！　がんばれ！　飛び上がれ！」と、飛び立てることを祈ったが器に入れた水も飲まなくなった。私は朝に晩に様子を覗き込んだが、日増しに体力が弱って三日目にはベランダの隅で翼をバタつかせることなく動かなくなった。しかし、その時点では静かに呼吸し、生きていた。五日目だったたか、朝覗くと鳩は硬くなっていた。私は一階の植え込みに葬った。

執拗なまでに一羽の鳩への長く続く攻撃に、私は空恐ろしさを感じて窓を閉め、ただじっと見ているだけだった。「ワッ」と私が声を出して追い払えば良かったのか？　と今にして思う。

人間社会にあるように、鳩社会にも〝いじめ〟があるのか？

私がLさんのご両親に挨拶していると、友人三人がバタバタ入ってきた。友人とLさんは一緒になって昼食の準備を始めた。高先生という人も来た。よくよく聞いてみると、彼らの新疆での勤務体制は午前十時〜午後二時、午後五時半〜午後八時となっているようだ。御馳走がテーブルに並んだ、鶏、魚、肉、野菜、果物、六品、七品、新疆ビールに六〇度ある白酒〝新疆大曲〟もならんだ。

中国式乾杯で始まった食事会、Lさんが私のために精一杯の歓迎をしてくれた。私はただただ嬉しかった、感謝した。異国で一人、その土地の人々の親切は何にも勝る励みになって、明日また頑張れる。ありがとうLさん！

中国式乾杯で、私もついつい飲んでしまった。コップを空にして相手に見せる。飲み干してしまったことの証明をする乾杯はかなり堪《こた》える。そのうち〝拳〟が始まった。チンプンカンプン。負けると大変、自分自身が酒樽になってゆく。

日本に〝拳〟があるかと問われ、あると言ったものの私は知らない、代わりに〝じゃんけん〟を教えてあげた。中国にもあると言って、グーは石頭《シートウ》、チョキは剪刀《ジィエンダオ》、パーは布《ブー》で、石、ハサミ、布だから日本と全く同じ。これも漢字と同じく中国から伝わったものか？

郵 便 は が き

料金受取人払郵便

新宿局承認

1409

差出有効期間
2021年6月
30日まで
（切手不要）

1 6 0-8 7 9 1

1 4 1

東京都新宿区新宿1－10－1
（株）文芸社
愛読者カード係 行

ふりがな お名前		明治 大正 昭和 平成	年生 歳
ふりがな ご住所	□□□-□□□□		性別 男・女
お電話 番 号	（書籍ご注文の際に必要です）	ご職業	
E-mail			
ご購読雑誌（複数可）		ご購読新聞	新聞

最近読んでおもしろかった本や今後、とりあげてほしいテーマをお教えください。

ご自分の研究成果や経験、お考え等を出版してみたいというお気持ちはありますか。
ある　　ない　　内容・テーマ（　　　　　　　　　　　　）

現在完成した作品をお持ちですか。
ある　　ない　　ジャンル・原稿量（　　　　　　　　　　　　）

書　名			
お買上書　店	都道府県　　　　市区郡	書店名	書店
		ご購入日	年　　月　　日

本書をどこでお知りになりましたか?

1.書店店頭　2.知人にすすめられて　3.インターネット(サイト名　　　　　)

4.DMハガキ　5.広告、記事を見て(新聞、雑誌名　　　　　)

上の質問に関連して、ご購入の決め手となったのは?

1.タイトル　2.著者　3.内容　4.カバーデザイン　5.帯

その他ご自由にお書きください。

(　　　　　)

本書についてのご意見、ご感想をお聞かせください。

①内容について

②カバー、タイトル、帯について

弊社Webサイトからもご意見、ご感想をお寄せいただけます。

ご協力ありがとうございました。

※お寄せいただいたご意見、ご感想は新聞広告等で匿名にて使わせていただくことがあります。

※お客様の個人情報は、小社からの連絡のみに使用します。社外に提供することは一切ありません。

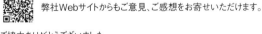

食事会はお開きとなり、友人たちは帰っていった。入れ替わりにLさんの兄、妹が勤めを終えて帰ってきた。

壊れかかったバイクを修理しLさんの家を出たのはいいが、途中三回、四回、五回走っては止まりを繰り返し、とうとう動かなくなってしまった。Lさんはどこかへバイクを借りに行くからと、私は二十分ほど待った。

Lさんはヘルメットを被りバタバタバイクに乗って帰ってきた。Lさんは、後ろに跨がる私にしっかり捕まるように言って細い道をかなりのスピードで走った。公安警察がいたらすぐ言うようにとも言った。エッ！　どうして？　冗談でしょ！　Lさんは免許を持っていなかった。私たちは午後十時、幸い何事もなく賓館にたどり着いた。

Lさんにコルラを出る予定は？　と聞かれて「明日」と言う。すると、明後日《あさって》にすればということになって、もう一日コルラに滞在することにした。Lさんは一時間ほどして、また友人と一緒にスイカを持って現れた。部屋にいた二人の彼女たちも、楽しく一緒にスイカを美味しく味わった。明日の正午を約束して帰った。

七月二十日午前十一時頃。Lさんはまた友人と二人で来た。土産にと马奶子干し葡萄を十袋と桃を持ってきてくれた。

今日は自転車の相乗りで友人の家へ遊びに行った。背が高くのびた黄色い向日葵畑、白い花を咲かせ始めた綿畑、土埃に塗れた砂の町に少しばかりの安心を覚えた。その友人にインスタントコーヒーをご馳走になり、次に訪ねた高先生の家では夕食をご馳走になって午後八時賓館に戻ってきた。

コルラの町はLさん一色で終わった。油田で大きく変わろうとしているコルラの町は近い将来、バラ色夢の町かも知れない。コルラの町でふれあった人たちに心からの感謝と幸せを願って眠りについた。


七月二十一日午前六時起床。六時半賓館を出た。外はまだ満天の星空、こぼれ落ちそうな無数の星が、手を伸ばせば届きそうなほどに近くに見える。昼間の砂埃の町がウソのように、澄んだ夜空のキラキラ星だ。吹く風が心なしか涼しい。星明かりだけの暗い道を重い荷物を抱えバスターミナルに向かって歩いた。擦れ違う人もいない。私はバスターミナルに向かう道、不思議に思うことを考えていた。Lさんはどうしていつも、友人と二人で私の所へ来たのだろう？　どうして一人で来なかったのだろう？　どうしていつも第三者がいるのだろう？　どうして？

このモヤモヤは、五年の後はっきりした。私は当時の中国事情でのみこんだ。このことは、この旅日記を手にして下さった皆様方のご想像にお任せしたい。

午前六時五十分、コルラバスターミナルに着いた。

五　コルラ―クチャ

バスターミナルの切符売り場は暗く、電気もついていない。切符は間違いないと思いきや、バカなことに並ぶ場所を間違えて、丁度私が切符を買う番になって、クチャ行き座席は全部売り切れ「没有！」となった。「そんなアホな！」。私はあの賓館へは二度と戻りたくない一心で、日本語で「席がなくてもいいから切符を売って！」と叫ぶ。窓口係員は分かってか分からずか、うるさいからか八十八番の番号で切符を売ってくれた。ホッと一息、窓口係員が神様に見えた。バスは午前八時四十五分コルラ発。

売店でアンパン四個買い込み、賓館で湯を貰って用意したお茶とアンパン一個で立ち食い朝食。

係員が切符をチェックしながら、座席番号の若い順にバスに乗り込ませる。私は順番を待った。やっと乗り込んだ、やっぱり座席なし。

運転手の背中あわせ、乗客座席とは逆向き、平らな二人がけくらいのシートがあって、一人のおじさんが座っていた。臨時なのか、番号も何も書いてない。「あなたの番号は？」と聞くと、八十九番と答えた。じゃあ私がここに座ってもいいかと不安ながらも腰をおろした。九十一番のお兄さんが乗り込んで来て、私の隣の八十九番おじさんの番号を聞いて一言二言、おじさんを座席から追い出し、自分がその場所に座った。漢民族のお兄さんだ。追いやられた八十九番のおじさんは、一度は後ろへ行ったようだったが、結局、バス乗車口の通路に座り込んだ。訳がわからない。私の右隣はその九十一番の漢族お兄さん、左は同じ臨時シートに座るウイグル族お兄さん。

バスは出発、タクラマカン砂漠を走り出した。しばらく黙ったまま、私は向かい合った乗客の顔を見ていた。私がカメラを構えるとソッポむく人、無頓着に空を見る人、わざとジッと私を見返す人、俯《うつむ》いて眠る人、いろいろ。写真は一枚だけにした。

午前十一時半、トイレ休憩のため停車。前後左右三六〇度タクラマカン、延々続く砂漠の一本道、道路に沿って細い水路が掘ってある。赤茶けたレンガ色の水が流れている。

男たちはそこここで思い思いに、女たちは一斉に道路と直角にバスを背に砂漠に向かって走る走る、私も後をついて走る走る、砂漠の凹部で女たちはスッと消える。一人二人……、自分専用の青天井天然トイレだ。贅沢！　贅沢！　女たちはほどよい凹部を見つけると、バスの方を向いてしゃがみ込む、スッと立ち上がり、一目散、バスに向かって走る。まるでモグラたたき！　私も彼女たちに習った。

バスはまたタクラマカンを走り始めた。私は案内本を開いたが、いつものゆりかごリズム、本は膝の上で飛んだり跳ねたり。

右の漢族お兄さん、左のウイグル族お兄さんと会話がはずみ出した。タクラマカンの油田の話から植物の話、クチャの少し手前にあるという砂漠の中の烽火台の話。噂をすれば、油田、烽火台が目の前に現れた。

バスは午後四時、クチャ到着。

コルラ—クチャ　二八〇キロメートル、七時間余、十一元五角。

六　オアシス　クチャ

なんとなく静かな町。ウイグルお兄さんが今日の宿までのロバ車を探してくれた。別れる時、何かあれば新華書店に来ればいいからと言ってくれた。新華書店に勤めているらしい。

ロバ車はのんびりゆったり、砂漠の日々の生活は皆こんな調子なんだなあ、いいなあ！時間を忘れてしまう。日本に帰りたくないなあ、いいなあ！　揺られ揺られて今日の宿に着いた。クチャ干部招待所。

宿はとれた。一泊七元で別途何料金かプラス二元、計九元。シャワー使用料五角は別料金。勿論、共同シャワー室。部屋は広くてテレビもあって最高！　誰もいない、もしかして私一人？

トイレを探したが見当たらない、聞くと建物の外だという、勿論、共同トイレ。こりゃあ困りものだと思いつつ行ってみると、細長い溝があって、その溝に幅一五センチメートルほどの板切れを二枚ずつ渡してあるだけ。招待所も数々宿をとってきたが、こんなトイレは初めてだ。トイレ談義を始めるとキリがない。広い中国、実にまあいろいろなトイレを体験、味わった。まるごとトイレのトイレ談義本が一冊できそうだ。

シャワーを終えて、身体スッキリ気分スッキリ、部屋でハミ瓜を食べながらのんびりしていると、外がワイワイガヤガヤ騒がしい、何やら複数の日本語のように聞こえる、私もちょっぴりボケてきたのか、日本がちょっぴり恋しくなってきたのか、空耳空耳とまたベッドで大の字ゴロゴロ。

午後八時三十五分、食堂へ行こうと下に降りてビックリ！〝朝日サンツアー〟と書いた超高級大型バスが停まっているではないか、だがバスは空っぽ、肝腎の日本人はいない。やっぱり私の空耳だったのか。

食堂はかなり広い。大きな円卓が七、八卓、奥の三卓では七、八人ずつ賑やかに食事中。大きな声、日本語だ、二十四、五人いる。ああこれだ、超高級大型バスの客人たち、空耳ではなかった。

私は手前の一番端の円卓に座って、胡瓜のあえもの、豆腐、飯で四元二角の夕食、久し振りの白いご飯にあるつけたと粗食ながら堪能していると、二十歳くらいの青年が「隣に座ってもいいですか？」。私は「どうぞ、どうぞ」。

　彼は私の右隣に腰をおろし、自分の食事注文をして、彼も私と同じ肉気のない粗食だったが、食事しながら彼はいろいろ私に話しかけ、私が日本人だと知ると「あなたの友達があそこに沢山いるよ」と、楽しそうに食事しているツアー客を指さして、一人食事している私に「あなたもあっちの席へ行って友達と一緒に……」と言葉を続けた。私が女一人シルクロードの旅をしていることに「未だ、あなたのような女性に出会ったことがない」と、彼はたいそう感心感動した。そして、私をガンバレと勇気づけようとしたのか、私の食事を質素に思ったのか、我が国へようこその歓迎なのか、素晴らしいめぐりあい縁だ「是非一品ごちそうさせて欲しい」と言って、服務員に何やら話して自分はサッと自分の食事を平らげて席をたった。彼はまたすぐ戻ってきた。三十センチほどの細長い金串に、ほどよい焼き色のついた大きな羊肉の塊が五、六個突き刺してあるものを一本持って。かの有名なシシカバブーだ。彼は自分の少しばかりの気持ちだと言いながらシシカバブーを私の皿にのせ、一枚の紙をさし出し、「自分は何晟《ハーション》といいます。六八年生まれの四川省人で〝一人自転車運動愛好者〟、八六年には滄州《そうしゅう》～秦皇島十五日、八七年には滄州～青島～大連《だいれん》三十日、八九年には滄州～洛陽～上海四十五日と過去三回の自転車長距離旅行を体験、今回は常では味わうことのできない感動への大挑戦、大願望を達成したく一人自転車長距離行《こう》を続けている、コースは北京〜太原《たいげん》〜西安〜蘭州〜西寧《せいねい》〜玉門〜ウルムチ〜コルラ〜カシュガル九十日」と説明した。

若干二十一歳、気の遠くなるような計画に、一人懸命に挑戦している彼の姿を前に、私はただただ拍手を贈った。好青年だった。

「ありがとう、再見！」と、私たちは握手で別れ、彼は西へ向け、また砂漠の道へ消えていった。

私はシシカバブーを齧りながら、彼の無事、四度目一人自転車長距離行達成を祈った。

三円卓は宴たけなわ、私は部屋に戻った。


七月二十二日午前八時。ゆっくり目覚めた。昨日は何日ぶりかのやすらぎの夜、ぐっすり気持ち良く眠れた。第一に静か、第二に不思議と暑さを感じない、コルラとは雲泥の差だ。

私はコルラで買った残りのアンパンをパクつきながら、Lさんへ礼状を書いた。

午前十一時、書いた手紙を持って通りに出ると、すぐ、「お嬢さん、どこ行くの?」と、ウイグルおじさんが声をかけてきた。私はビックリ、今までなかったことだから。咄嗟に「郵便局はどこ?」とたずねると、人懐っこい笑顔で「すぐそこだよ」と優しく教えてくれた。

郵便局に着いて私は封筒と切手をもとめ、投函。明日のアクス行きの切符を手に入れるため、バスターミナルに向かった。ウロウロノロノロ歩いているとロバ車を操るウイグルおばさんが親切に「乗って！」と声をかけてくれた。ロバ車には二人の子供が乗っていた。私がバスターミナルまで行くんだけど、と言うと「ああいいよ、連れていってあげる」と、ウイグルおばさんはロバ車をとめてくれた。私は飛び乗り、二人の子供と一緒にのんびり揺られ揺られて、バスターミナルに着いた。私はロバ車を飛び降り、三人のウイグル母子に「謝謝！　再見！」を繰り返し、旅する異邦人に手を差し伸べてくれたウイグルの民に感謝した。

明日のアクスへの切符を求め、路線バスに乗って団結大橋に向かった。大橋の下を流れる豊富な水は、ここが砂漠であることを忘れさせる。

十人ほどの子供たちが楽しそうに水浴びしている。皆フリチンだ。日焼けしたその顔は皆いい顔、ウイグル族、回族、漢族、皆顔が違う。私が水際まで下りていってカメラを向けると全員が一同に整列して笑顔を作って私のカメラにおさまってくれた。本当は私も彼らと一緒に水浴びしたかった。

バザールは最高に楽しい。ありとあらゆる物を見せてくれるし、いろいろな人に出会わせてくれる。時には恐いことにも出会うけど。

ある一軒のウイグル民族衣装の生地やスカーフ、ショールを売る店で、あまりにも奇抜な黒と金の三角ショールが目にとまった。私は手にとって「いくら？」と聞くと「三十五元」。私は「そんなに高いの？」と言うと、少し考えて「あんたにやるよ！」と顔は笑っているのに怒ったような口調でつっけんどんに答えた。私は何か背筋に冷たいものを感じて「対不起！（ごめんなさい！）謝謝！」を連発、足早にその店を離れた。

大橋側の小さな飯店で大きな焼いた肉饅頭二個を食べた。実に美味しい肉饅頭で焼き立ての皮の香ばしさは何とも言えず、店の人の親切は嬉しい限り。

皮朗古城を探して歩くがなかなか分からず、途中、回民族の女の子が近づいてきたので尋ねると教えてくれたものの、やっぱり行き着けず、右に左にキョロキョロしていると、今度は悪ガキ二人が写真を撮れと言って私の後をずっとついてくる。おもろい奴だ。

皮朗古城が分からないまま、トルファンにならえと図々しく「ニィーハオ」と、一軒の家に入った。見るからに素敵な建物で、広いテラスには寺院でよくみかける丸く大きな柱が数本、その柱に緑濃い蔦が品よく絡み涼しげだ。

ウイグルおばさんが訳の分からない顔で私を見ていて、奥に消えたと思ったら公安警察の制服を着たウイグルおじさんを連れて出てきた。アッ！　しまった！　内心ドキドキでどうなることかと思ったが、とても優しいウイグル人夫婦で、気軽に気さくに異邦人の私を接待してくれた。

案内された三十畳ほどのリビングは、天井には大きなシャンデリア、白い壁はその白が隠れてしまうほど大きくシックなペルシャ絨毯？　、フワフワソファーが周囲を取り巻き、その前には真っ白なテーブルクロスのかかったテーブルがいくつも置いてあって豪華さ満点。

ウイグル独特の菓子がいっぱい並び、真っ赤に熟れたスイカも並んだ。遠慮しないでと勧めてくれた。喉の渇きに、私はスイカを二切れ頂戴してしまった。

話をするうち、奥さんと私は同い年と分かってビックリ、申し訳ないことに私は彼女が五十歳をとっくに越えていると思っていたから。二人の娘さんを紹介されて、記念写真を撮ってさよならした。

結局、皮朗古城へは辿りつけなかった。

クチャの町はどことなくのんびりして、なんとなくいい町だ。好きだなあ、クチャの町。ぬけるような青い空、大きな太陽、人は皆砂漠のリズムで動く。

掌ほどのナンを何十個も窯《かま》で焼き上げる親子、ブリキのバケツやタライを巧みに作り上げる少年、氷の入った桶の中にもう一つ金属の桶を入れ、その中に攪拌《かくはん》するモーターをセットして木のへらで調整しつつ作る手作りアイスクリームのお兄さん、五衛門風呂のような大釜にたっぷりの熱湯、その中に細長く打った手打ち麺を次から次と投げ入れる少年。

びっくりビックリしたのは布団作り。日陰に絨毯を敷き、その上で大きな掛け布団を縫っている。キレイなローズピンクの表地に白い綿生地を枠に縫いつけていく。中には綿が入っている。私は目を疑った。祖母や母がこうして布団を縫っていたのを私は小さい頃から見てきたし、今も母はこうして布団を作る。作り方は全く同じだ。私はこのウイグルの民にとても親しみを感じ、このうえない感動だった。

砂漠の民の生活が垣間見える自由市場を一巡り。やっぱり面白い、飽きない、時間を忘れる。小さな暗い食堂でクチャのおばさんたちと焼きそばツルツル。

四角い日干しレンガの家の狭い通りを擦り抜け、歩いた歩いた。あるモスクの前にきた。ブラッと入ろうとすると白い服を着たおばあさんに「シッ！　シッ！　出て行け！」と、追い出されてしまった。そんな予感もあったのだが、ついつい物珍しさから覗こうと思ったのが大きな間違いだった。大変失礼をしてしまった。モスクの前に白い布で覆った長四角い箱、その箱の先に愛用したものかイスラム帽子が縛りつけてあった。

夜食にメロンを一つ買った。ハズレ！　美味くなかった。

明日は午前九時、次のオアシス、アクスに向け出発だ。

七　クチャ—アクス

七月二十三日午前七時起床。外はまだまだ暗い。お決まりの格好で七時三十五分、招待所の門まで出てきたが門には鍵がかかっていて外に出られない。ドンドン戸をたたき、門番を起こし、門番は眠い目を擦《こす》りながら、半分寝ぼけ眼でやっと鍵を開けてくれた。外に出た。路線バスはまだ通っていない。二本の足でバスターミナルに向かった。荷が重い、右に左に荷を持ちかえながら歩け歩け三十分、バスターミナルに着いた。八時過ぎ、私の乗るバスは来ていない。私は一昨日、コルラで買ったパンの残りをパクついた。午前九時五分、クチャを出発した。

バスはタクラマカン砂漠を西へ走る。途中いくつもの緑州（オアシス）を通り過ぎ、西へ西へ走る。

午後十二時半を過ぎた頃、目の前の草木一本ない赤茶けた岩山の間から五〇〇〇？　六〇〇〇？　七〇〇〇？　メートル級の雪の山々が出現。ドヒャー！　悲鳴をあげそうになった。天山山脈か？

バスはカッ飛ばす砂の大地、グングン迫る雪の山々。午後三時、バスは予定よりかなり早くアクスに着いた。

クチャ―アクス　二五九キロメートル　六時間　十元五角。

八　オアシス　アクス

アクスバスターミナルに着いてすぐ、明日のカシュガル行きの切符を買った。五十一番座席、こりゃあ危ない！　かなり後方だゾ、要注意！

実は私は車、船酔い常習犯、特にバスは最悪最低。日本のバスは五分ともたない。日本のバスは中国のバスに比べ、超超高級、その超高級が身体に合わず中国のゆりかごバスが合うというのは、これ如何に？　根っから貧乏性にできているのだろうか。

幸運なことに、いままで座席は前半分までで座れていた。しかしこの五十一番の数字は、そうは問屋がおろしてくれそうにない。

アクス市内への路線バスが走っている。路線バスに飛び乗り、車掌にアクス市政府招待所に行きたいのだが、と言うと「好」と頷いたので四角を払った。車掌は招待所近くになると、詳しく親切丁寧に教えてくれた。こんなことは初めて、有難かった。感謝！

アクス市内に入ってビックリ、とにかくビックリ、町はとても清潔でキレイに整っている。道路も広く、交通規則はかなり厳しく守られている。西安などおよびでない！　実に素晴らしい町だ。食料品を売る店では点心類が丸い大きな皿に品良く盛られてウインドーに飾られているし、一般商店も掃除が行き届きキレイの言葉がピッタリだ。同じ砂漠の町でもこんなにまで違うものか感心した。

アクス市政府招待所に着いて空き部屋を尋ね、六元の三人ドミトリーを望んだが、十一元のツインになってしまった。仕方ないか、シャワー、トイレ付き、フロント服務員の愛想も最高に良いし。

クチャからカシュガルまで一気に行くには十八時間はかかる。しんどいゾ！　と、ここアクスの町で一服と立ち寄ったが、こんなキレイな砂漠の町を見ることができるとは。

アクス市政府招待所は丁度町の真ん中くらいで、バスターミナルまではかなりの距離だ。明日の準備にと路線バスのバスターミナルへの発着所を確かめようとブラブラ行くと、ウイグル族の男女が親しく話しかけてきた。とりとめもなく十五分ほどおしゃべりして西へと歩いた。

多浪公園の側を穏やかな多浪河がゆるゆる流れ、対岸には背の高いポプラ並木が緑の安らぎの木陰をつくり、手前の河辺には十歳くらいの三人の子供たちが水遊びしている。私が河辺の三人に近づくとクルリ振り向いて立ち上がり、私がカメラを構えると赤いワンピースと水色のワンピースを着た女の子はサッと肩組み合い、人民帽を目深に被った男の子は両手を後ろに回し胸を張って何ともいえぬ可愛い笑顔を作ってくれた。ウイグルの民は、皆、撮られ上手だ。

宿に帰り、シャワー。残念ながら湯はなし、水浴びになった。勿論、例のスタイルで洗濯。

一階の食堂で夕食を注文、豆腐、野菜、飯で二元七角、安いと思ったが今一つの味だ。トルファンで食べたヨーグルトをもう一度とばかり口に運んだが、これも今一つ。

部屋に戻ると女の人がいた。漢族の女性だ。アレッ！　今日はてっきり一人と思っていたのに、カンが狂った。ちょっとショック。

午後十一時十五分、まだ外は明るい。

九　アクス―カシュガル

七月二十四日午前七時起床。七時四十分市内路線バスの発着所に着いた。辺りはまだまだ暗い。待つこと三十分、やっとバスターミナル行き始発バスが来た。

午前九時出発のカシュガル行きバスが入ってきた。やっぱりお決まりのゆりかごバス、今までのより更にひどいゆりかごバスだ。座席番号五十一は、思った通り最後列から二列目、辛うじて窓際、ああ良かった。

隣に座ったウイグルお兄さんは、時々優しく話しかけてくれる。農民銀行に勤めていて、ホータンまで行くと言った。

アクスの中心十字路を少し北へ行った商店に、大都会西安にあるような今風のパンがあった。巻き貝型に焼いたパンの中になんとチョコレートが入っている。五角だ。四個買っておいた。

午前十時半、今までにないひどい上下左右前後の揺れの中、甘く美味しいチョコレートパンで朝食を済ました。また格別の味わいに舌つづみ。

雲一つない広く大きな青空は、タクラマカンをスッポリ包み込む。

車窓には草木一本ない岩肌の山並みが遠く遠く続く。時折、何万年何億年以前の地層かと思わせるような巨大な幾重の地層の岩山が現れる。またその様子を変え、平らな白い砂漠になる。塩砂漠だ。粉雪が降り積もったように、朝霜が降りたように真っ白。その白い砂漠に一塊《ひとかたまり》一塊とところ狭しと一面育つ草、耐塩性の何という植物だろう、二十センチ？大きいものは一メートルほどに成長している。まるで澄みきった青い海、真っ白な海底、揺れる珊瑚の群れ、そんな光景を思わせる。タクラマカン砂漠の妙か。

砂漠、緑州、砂漠、緑州、続く続く。

トイレタイムでバスは停まる。眠っていると隣のウイグルお兄さんが起こしてくれる。日干しレンガの塀があった。辺りを見回し、塀に隠れてサッとすます。

午後五時半、少しの休憩タイム。小さな店がある。私は昼食に一元のラーメンをすすり、ラグビーボールほどのハミ瓜一元三角を一個買った。ナイフで真二つに切り、その場でスプーンを使ってかき込んだ。このハミ瓜は甘くて実に美味かった。一個をペロリ平らげた。

五十一座席は、後部席もさることながらシートが壊れていた。鉄パイプのシート枠の中にきちんと固定されてなく、バス揺れリズムの振動でだんだんずれていく。私はシートの中に埋もれ、沈んでいく。頭が背もたれの下になるほどに。トイレタイムの度に私は、ずれて沈んだシートを元に戻す。ビニール皮のシートが破れかけ、中から藁がでてきている。

砂漠の凸凹道、舗装が崩れ、凸凹がひどいところにくると私は二、三十センチ飛び上がる、キャー！　ズドン！　痛い！　悲鳴を上げる。前の座席の人が一斉に後を向く、数十の目が私を見る。恥ずかしい！　顔を隠そうにも、それどころではない。とにかく疲れるバスだ。体力消耗激し。

最後部座席は、浙江省《せっこうしょう》の人たちらしい。五、六人の集団がうるさいほどしゃべりまくる。カシュガルの手前八十キロでトイレタイム。日干しレンガに隠れて毎度のこと。

バスが停まっている間、少年たちが食べやすく切ったスイカやハミ瓜を持って窓際客に差し出し、売り声をかける。

四十キロほど走ったところでアトスの町、青い空、豊富な緑、なかなか清潔でキレイそうだ。オアシス　アトスを走るバスから眺めつつ西へ西へ私の目的地カシュガルはもうすぐそこに。

午後九時十五分、カシュガル到着。

アクス―カシュガル　四六四キロメートル、十二時間余、十八元八角。

十　オアシス　カシュガル

ついに来た西新疆最大の町カシュガル。

〝カシュガル〟。なめらかないい響きだ。

人人人でごったがえし、活気溢れる町カシュガル。ウイグル人、パキスタン人、インド人、何人《なにじん》？　何人？　何人？　ここは完全に異国だ。中国？　そんなバカな！　これぞ正しく、驚き桃の木チューゴク！

私はカシュガルに飲み込まれてしまった。カシュガルリズムに圧倒され、頭のてっぺんから手足の指先までジンジンビンビン、心ワクワク、目ギラギラ、ショックで踊り出しそう。

方向がさっぱり分からない。ロバ車を引く子供がいた。今日の宿と予定していた其尼瓦克《チニワク》賓館を言うと「好」、料金交渉も三元を二元に。

私は地図を見ながらロバ車に揺られ、今日の宿に無事到着。

賓館の中に入ると、またまた何人？　何人？　何人？　服装がまるっきり違う。ここは本当に中国？　私はどこへ来たの？　私はとても興奮している。

　フロントで手続きをすませる。四人ドミトリーだ。一泊十二元五角は後払い。押金《イヤージン》（手付金）十元を支払った。押金は賓館を引き払う時に払い戻される。

　五階五〇一号に入った。窓が大きく壁の白さが部屋を明るく広く感じさせる。気に入った。シーツも白く、キレイに洗濯してある。ベッドは厚みのあるクッションの効いた良いベッド。最新式扇風機が置いてある。

　ビックリしたのは大きな三段の物置棚が備えてあり、竹製ハンガー、スリッパ、タオルそれぞれ四つある。シャワー、トイレ、洗面設備、嬉しい！　コルラとは雲泥の差、居心地よさそうだ。一人先客がいるようだった。

　かなりハードな今日一日、疲れた！　眠りたい！　ベッドに横になった。

　午後十一時半、一組の男女が入ってきた。寝ている私の横でピーチクパーチクおかまいなし、うるさくしゃべりまくる。日本人だ。眠りたいのに眠れない。午前二時一人また入ってきた。


　七月二十五日朝はゆっくり起きた。

　カシュガルの中心にある広場に向かった。光沢のある色鮮やかな黄色いレンガの大きな建物、新疆最大のイスラム寺院、エイティガール寺院だ。中は公園のように緑が植えられ、ゴミ一つなくキレイに清掃されている。奥には礼拝堂があって、何十本？　あるのか緑の柱が印象的。礼拝時間ではなかったので人は疎《まば》らに寛いでいた。

人民公園に行く途中、道端の屋台で昼食に伴面を食べた。スパゲティ風、焼きうどん風、トルファンで食べたものより美味かった。

道端で大きな竹カゴに満杯詰め込んだ黄色い無花果を見つけて、一個二角で買って食べながらブラブラキョロキョロ歩いた。

膝下までの灰色の綿パン、灰色ノースリーブTシャツ、大きな麦藁帽子にサングラス、黒布靴、背に黒リュックサック、カシュガルの町に解け合わない異邦人。

この暑さの中、麦藁帽子を被っている人を一人として見かけない。ふしぎふしぎ。

人民公園に入ると、木陰に涼をもとめ、チェスに興じる人の多いのにびっくりした。建物の陰に大きな赤や青、緑の絨毯を敷いて、老いも若きも寝そべってお昼寝タイムだ。カメラを向けても嫌な顔一つせず、笑ってポーズをしてくれる。幸せだなあ！

人民公園のすぐ東側に大きな湖、東湖がある。砂漠の中で目にする青い水は、どんなに太陽が大きかろうと、どんなに砂埃が舞い上がろうと一人旅の私の心と身体を癒してくれる。ホッと安心、ホッと一息リラックス。

ホージャ墳へ向かおうと馬車の値段交渉。馬車は、客を乗せるところは大型自転車の車輪を四つ取り付け、その上に畳一枚ほどの板を置き薄い布団が敷かれている。日除けに赤い布テントを張ってあった。車を引く馬は一頭。馬主は五元とふっかけてきた。中国人は五角、十倍はひどい。二元といったがダメ、交渉不成立。近くにいたウイグル人が途中の馬車の集う場所までの地図を書いて説明してくれた。私はそこまで歩いて再度馬車交渉、二元成立。

リンリンジャラジャラ、馬車は鈴を鳴らして、遠く続く背の高いポプラ並木をのんびり進む。ロバに跨がった長い白顎髭をたくわえたウイグルおじいさんと擦れ違った。私は手を振って「ニィハオ」。おじいさん、悠々笑って手を振った。世の中、なんと平和。

太陽に照らされピカピカ光る緑色の外壁、緑のルリ瓦に包まれた素敵な建物、ホージャ墳。四隅に竹の子型の大きな柱、屋根は丸い玉葱《たまねぎ》型。中に入ると、大小さまざまな数十の柩《ひつぎ》が安置されている。白地に紺のいろいろな模様を描いたルリ瓦で作られた柩は、スペード型柩が多い。香妃《こうひ》墓とも呼ばれているホージャ墳は、ホージャ一族の墓で、十七世紀、ホージャの孫の香妃が清朝時代、乾隆帝《けんりゅうてい》に召され宮廷生活の後亡くなった。その身体から馨《かぐわ》しい香りただようと名付けられた香妃が眠る墓として親しまれているようだ。しかし実際、香妃が眠っているのはこのホージャ墳ではないらしい。

ホージャ墳の裏は大きな墓地になっていて、大小スペード型の土の柩が無数に並んでいる。迷路のように狭い通り道が入り組んで、一度入るとなかなか思うように外の通りに出られない。全て十色、土色一色。

ホージャ墳の前の木陰でボーッとしたひと時、お参りする人は絶えない。頭に白い布を垂らした女性の後ろ姿が印象的だった。

帰りの馬車に飛び乗った。馬車の集う十字路まで、いくら？　と問うと、一緒に乗っている周囲の子供たちが四元、五元と馬主を囃《はや》し立てる。私は二元を譲らず頑張った。馬主は子供たちの囃しにのって少し躊躇《ちゅうちょ》しながらも四元、五元と言い出した。私は疲れて「あなたも中国人、私も中国人、同じ中国人同士、どうしてそんなに高いのよ！」馬主もワイワイ騒いでいた子供たちも一瞬シーンとなった。そのまま十字路に着いた。私は二元を支払った。馬主は気まずそうに一元でいいよと一元札を私に返してくれた。私はきつすぎるはったりを効かせてしまったと少し反省。

職人街の通りに入った。何に使うのか変わった形の木工細工を束にして入り口にぶら下げてある。中を覗くと十二、三と十歳にも満たないウイグル帽の男の子がせっせとモーターを回して木くずに埋もれ木工細工に励んでいる。民族楽器を作る白髭ウイグル帽のおじいさん、二胡《にこ》に似た楽器を壁中にぶら下げて真剣な目付きで手を動かす。大きな馬を丈夫な木枠にぶら下げるように縛り付け、馬の蹄鉄を付け替えるお兄さん。靴屋に帽子屋、金属加工と皆物珍しいものばかり。

布地ばかりのバザールは総天然色、狭い通路の両側は行けども行けども虹色の花盛り、もう一つ通りの向こうもカラフル総天然色、頭は眩《くら》み、目が眩《ま》い、星が飛び、声も出ない息もできない苦しさが襲ってくる。自分の身体が虹色に染まる。

総天然色通りの先は仕立屋通り、ミシンを踏む音がカタカタ響き、若いというより幼く可愛い縫い子さんたちが針を運ぶ。

私はウイグル独特の矢がすり模様で服を縫ってもらうことを思いつき、総天然色通りへ舞い戻り、見つけた生地の交渉。一メートル八元で四メートル買って三十元。エッ！　計算が合わない？　二元はまけてもらったのだ。シルクの矢がすり模様もあったが、これはベラボーに高い、シルクは贅沢と諦めた。立ち並ぶ仕立屋通りの愛想のいいウイグルおじさんの店で作ることにした。デザインはパキスタンやインドの民族衣装ぽい、下はダブダブパンツ、上は膝まであるダブダブシャツ風、四メートルの生地は残らず使ってと注文、明日まで一日で仕上げてくれるよう頼んだ。おじさんはちょっと変、という顔をしたが頷いた。私が注文した上下は男性用だからだ。ワンピースを作らないのが変だったのか。二十元。

賓館前の屋台でシシカバブーを二串買ったが唐辛子が少し足りなかった。もう一味。一串五角は高い、西安なら五串一元で塩味、唐辛子ピリカラ味、羊肉の香辛料で欠かせない孜然（クミン）という羊肉の臭みをとるゴマ粒大の種?を粉にした孜然味、バッグン美味い。特に師範大学前の屋台のお兄さんのは最高！　冷えたビールの一杯をなおなお美味しくさせた。

〝ズーラン〟と読む孜然は何とも表現しがたい味の香辛料で、コルラの屋台でLさんと一緒に飲んだ変わったお茶を思い出した。丼鉢に黒い炭のような木くずを入れて湯を注ぎ、その中にこのズーランを少しパラとふりかけ飲む。私はこのお茶の味を今も忘れられない。不思議と奇妙に安らぎを覚えた癒しのお茶だった。

夜、また昨日の若い日本人カップルが、ベッドに横になっている私の側でピーチクパーチク囀《さえず》り始めた。また今日も眠らせてくれないのか？

七月二十六日。不眠で今日も目覚めが悪い。昨晩のカップル、結局深夜三時頃まで、子供言葉の女の子の調子に合わせて、男の子も一緒にネチネチ言葉、イチャイチャベタベタ。加えて男の子が頻繁《ひんぱん》に異常に大きな音をたてて鼻を鳴らす、また加えてパチンパチンという音。私は最初、何の音？か分からず、誰が何のためにあんな大きな平手打ちのような音をたてるのか。寝返りをうってやっと分かった。現場を見た。彼が自分の尻をパチンパチン叩く音だった。気持ち良くいい音なのだが、とにかく大きい。一つのクセなのかなあ？それにしても痛くないのかな？

ウトウトしつつ朝八時半まで。

眠い。とにかく寝たい。彼らが出ていけば眠れるとずっと待った。今か今かと待ったが、彼らが部屋を出たのは昼十二時を回ってからだった。とうとう眠れないまま私も外へ。

賓館前でヨーグルトを飲んでバスターミナルまで歩いた。ヤルカンドまでの切符を買ったものの、座席番号がない。午前九時出発だ。

通りの両サイドから白布大テントやゴザテントを張り出したバザールで、記念に色とりどりのスパンコールを散りばめたものや、細かな刺繍をしたもの、ビロードのものの、ウイグル帽子三つ二十六元、有名な英吉沙《インジザ》ナイフ二本二十元を買った。

歩き歩きシシカバブーを四本腹におさめ、香辛料売り場で孜然二百グラム二元を買った。こんなに沢山の香辛料があるのかとびっくり。白い大きな麻袋に三十五、六種、全部色が違う、香りが違う。

その横では刻みタバコ葉の量り売りをしている。直径一メートル大、高さ腰までの円筒状の麻袋に溢れるほどの刻みタバコ葉、七、八筒を前に、分銅《ふんどう》付き量りでウイグルお兄さんが商売している。その後ろでもう一人のお兄さんがせっせとタバコを巻いている。量り売りを買った客は五、六センチ四方に切った新聞紙を取り出し、その上に刻みタバコ葉をパラパラとのせて自分の太股を台に手早く一本巻き上げ、最後の仕上げは舌で舐め、唾液が糊代わり。客はすぐ口にくわえプカプカふかした。私は以前母が話してくれた〝戦後の闇タバコ〟の話を思い出しながら、しばらく見ていた。

黄色い無花果売りが十数人、列を成して道端に座り込んで商売している。

中央の広場通りに来た。繁盛しているらしい飯店が目に入った。店頭に張ったテントの下で、白衣に濃紺の前掛けをしたウイグルおじさんが、五衛門風呂のような大釜で抓飯を作っている。米飯の上に掌ほどの羊肉の塊や赤いトマトを乗せて、キレイにデコレーションしてある。客の注文でそれを取り崩して出す。

大釜の少し横に、丸裸でバラバラ解体された羊が軒から吊されている。大釜の手前の低いテーブルで白いウイグル帽に顎髭のおじいさんが一皿の抓飯を頬張っていた。これぞ正しく抓飯、手摑み飯だ。

私も一皿、肉なしを注文、一元。安い。七つ道具のスプーンを取り出し一口食べた。美味い。こりゃあ本当に美味い。今までで最高の味わいに、スプーンを運ぶ手が次第に早くなる。一皿ペロリ。羊肉ミンチのシシカバブーも二串ペロリ。おじいさんは私に抓飯はこうして食べるものだと手摑み頬張り食べ方を指南。自分の皿にまだ残っている抓飯を差し出して、これも食べろとしきりに勧める。私はもう腹一杯と有難く丁寧に断った。この時の優しいおじいさんの親切とおじいさんの味が加わった抓飯が今も心に残る。

斜め前でスイカの切り売り。その一切れをデザートに喉の渇きを癒していると、人々がぞろぞろエイティガール寺院に向かっている。丸めた絨毯を小脇に抱え、どこから湧いてくるのかと思うほど人、人、人、寺院目指して歩く歩く。

礼拝？　今日は金曜日、もうすぐ午後四時。これは見なくてはと私も大勢の人に紛れて一緒に入っていった。

この広い寺院の中、空いている場所を見つけるのは困難、寺院中が人で埋まっている。コーランが響く中、皆礼拝堂に向かって絨毯や布を敷き、脱いだ靴をその前に並べ置き正座し、額を地につけておじぎをし、立ちあがり手をあわせる。それを何度も何度も繰り返す。

私は写真を数枚撮った。一番お気に入りの一枚は、五人の三、四歳の男の子が礼拝場所に困ったのか、火の見櫓《やぐら》のような高い櫓に上ったのを見つけ、私も梯子段を追いかけ彼らの礼拝をカメラに納めた一枚だ。まだまだあどけない瞳の彼らは、それぞれにウイグル帽を被り、脱いだ小さな可愛い靴を正座した自分の前にきちんと並べ、大人がすると同じに祈りを捧げる。いい顔してるなあ。

コーランを聞いていると、世の中のゴタゴタなど全て忘れてしまう。心に染み入るいい響きだ。私はしばし天に昇った心持ちだった。

これは後になって知ったことだが、礼拝には女性は立入禁止、服装も短パンなどはダメ、私は重大な不始末を仕出かしてしまっていた。短パン、半袖Tシャツにリュック背負った変な女、確かにジロジロ見られたが誰も何も言わなかった。咎《とが》められても仕方ないのに。もしかして私に幸運の女神が味方したのか？

その日は十人ほどのテレビカメラを抱えた外国人団体が訪れていた。どこの国の取材だろう？　礼拝シーンをあらゆる角度からテレビカメラに収めていた。高い櫓の上で私は彼らと一緒にカメラを構えていた。

礼拝が終わると人々は潮が引くように消え、空っぽの寺院に戻った。三十分の息をのむ緊張の時だった。

私の時計は午後六時、仕立屋へ行くとまだ仕上がっていない。おじさんは今、午後三時だという。新疆時間だ。私は六時に来るからと言って宿に帰った。

私の時計は午後十時、新疆時間午後七時、私は仕立屋へ向かった。ほぼ私のイメージ通りに仕上がっていた。その場で試着、雑で荒っぽい仕立ては仕方がない。だが、なかなか良い感じ、結構似合っている。二十元。相場十五元までらしかったが、あまりくどい値段交渉はせず、愛嬌あるおじさんの言い値で支払った。

ナンを買って、賓館前の屋台で羊ミンチのシシカバブー二串立ち食い、ヨーグルトでサッパリ、シャワーでサッパリ。

この賓館は毎日、服務員が熱湯の入った魔法瓶を持ってきてくれるので最高！　美味しいお茶を一杯。

記念にと行く先々で買ったものが増えて、整理をしてもしても、荷がだんだん重くなる。

私の時計は深夜十二時、外は人でごった返しまだまだ賑やか、私はこの二日間の眠れなかったしわ寄せを今晩取り戻しておかないと危ない、幸い今晩は私一人らしい。嬉しい！

十一　カシュガル―ヤルカンド

七月二十七日午前七時起床。私の時計七時半、薄暗い人っ子一人いない、音のない一階のフロントで服務員を呼び起こすが、一向に起きてこない、仕方なくカウンターをドンドン叩いてやっと起きてきた。私は五階の部屋まで階段を駆け上がる、服務員は半分眠りながらフラフラ階段を上がる、五階の私のベッドを一応見回して異常の有無を確認、五階控え室の押金入れの袋の前で座り込み、また眠り出した。可哀相に思ったが私もバスの時間がある、トントン小さな音をたてると、彼は半分目を覚まし、袋から押金十元取り出し返してくれた。私は急いで荷物を抱えまた一階のフロントへ、もう一人の服務員も眠っていたが起こして、五階確認終了を告げ精算、ところがこの彼も半分眠っている。三日分の宿泊料三十七元五角を支払い、門まで出ると、ドンキードンキーと馬車夫が近寄ってきて、五元！　五元！　とふっかけてくる。私は歩いて三十分、バスターミナルに着いた。

待つこと一時間二十分、午前九時出発のはずが、運転手がなかなか来ない。ルーズだなあ！　今までこんなことなかったのにと一人ブツブツ文句言いながら、午前九時四十五分、やっと出発。

途中、英吉沙県で休憩、抓飯を食べた、値段のわりに味はいまいち。英吉沙ナイフの露天がズラッと並んでいる。見ていると、もう一本欲しい気持ちになった。少年が買え買えとまとわりつく。カシュガルで二本買ったし、どうしようか？　買うつもりで、言われるまま十元を渡したあと、品物が違っていることに気がつき戻しにいくと、何だかんだと難癖をつけ十元を返してくれない、少年とモメモメした挙句、鞘に納まったナイフを右背腕に突きたてられた。ドキッとしたものの、とにかく言葉で少年から十元を取り戻した。後が恐い、長居無用、私は全身目玉、様子を見つつサッと早業、その場から消えた。休憩タイムぎりぎりでバスに飛び乗った。

バスは走り出す。全身冷汗ドクドク、心臓ドキドキ、恐さが増す。もし、裸のナイフだったら？　追いかけられたら？　またまた恐さが増す。ああ良かった、助かった、バスは走っている。

左右に広がる緑の草原。ここは砂漠？　疑いたくなるほどの緑、不思議な砂漠。音楽入りバスは初めてだ。運転手が新疆音楽を絶えず流してくれた。そのメロディーはウイグル民族楽器の音色のせいか、どことなく寂しげで物悲しい。トルファンで初めて聞いた新疆音楽、またまた好きになった。

午後二時、ヤルカンドに着いた。

カシュガル―ヤルカンド　一八二キロメートル、三時間半、七元八角。

十二　オアシス　ヤルカンド

すぐ翌日のホータンへの切符を買おうとしたが、なんとホータンへの切符は売ってない。どうすればいいか？　聞くと、明日ホータン行きのバスが午前八時～八時半頃来るから、そのバスに乗り込んで買えと言う。参った、予想外だ。仕方ない。

宿泊はバスターミナル簡易宿泊所の汽車站旅舎しかない。便利といえば便利だが長屋風。受付のガラス窓からおばちゃんがポンポン、偉そうに泊まり客から代金をとる。泊まって頂いている、ではなく、泊めてやっている、風に。私の番がきて、身分証明書を提示、外人だから部屋をバオしろとガタガタ言う。バオとは「包」と書いて、所謂、一部屋まるごと貸し切れということだ。二人部屋一人八元だから十六元でバオしろと言ってきかない。

私はブバオ（不包）、一つベッドがあればそれでいい、何人部屋でもいいと粘る。おばちゃんは、いま服務員がいないので分からない、とりあえず十元先に払えと言うので、私は十元支払い、入れといわれた部屋に入ると、六つのベッド以外何もない六人部屋だった。

私は荷物を置いて、ヤルカンドの町歩きに出た。大きい通りを東へ行くと、左に小さなバザールがあった。覗くと、ここにも総天然色虹色の布地やショールを売っていた。おじさんと二言三言話して、大通りをまた東へ歩くと、右にイスラム寺院の阿孜納米基提米脂と書かれた寺院があった。狭い広場の中央に四本の大木があり、その側に木で囲われた木の屋根付き古井戸がある。とても小さな古井戸だがなんとも趣ある井戸、静寂だけがそこにある。

市場の建物の前で、何人もの卵売りがそこここで商売している。この炎天下、路上に布を敷いて沢山の卵を並べ座り込んでいる。赤い卵もある。色をつけたのか？

四角い土色の平らな家が続く。

宿に帰って受付のおばちゃんに言うと、八元の領収書で六人部屋に入れられ、二元も返さない。おかしいと思いつつ、私の後から入ってきた客に一泊いくら？　と聞くと、三元だと言う。私は少々頭にきて、おばちゃんに談判したが、おばちゃん全然聞き入れず、外人だからというだけ。私は、倍の六元ならいいと言っても受けつけず、その態度が許し難く、私も内心やりすぎかと頭をかすめたが、談判の波に乗ってしまい、あなたでは話にならない、上司に話す、上司を呼べと言ったら、隣の部屋にいた上司が出てきて、二人部屋十元で「好」ということになった。話のわかる上司に少し気持ちが落ち着いた。

二人部屋の八号に入ると、ベッドは二つある以外何もない、暗く澱んだ黴《かび》臭い空気。洗濯を忘れられたような湿った布団と枕、床は日干しレンガを敷き詰めた凸凹した土、汚い！　の一言。シャワー、勿論なし。

午後八時半、何か食べておかないと明日までもたないと思い、外に出た。手っ取り早く宿の前の飯店で炒面《チャオミィエン》（焼きそば）を注文、出された炒面は今までの見慣れた長い麺でなく、二センチ角の麺を炒めてある。ピーマン、セロリ、トマトに肉が多く入って味もまあまあ。パスタ風だ。三元とられた。

宿に帰り、着のみ着のまま横になった。

突然、若いウイグル族夫婦が話しながら部屋に入ってきた。午前零時を過ぎている。相部屋とはいえ三人か、と背を向け眠ろうとしている私に、彼らはトランプ遊びで攻め始めた。眠ろうにも眠れない。参った参った。

十三　ヤルカンド──ホータン

七月二十八日午前六時半過ぎ、ふと気がつくと夫婦はいつの間にか居なくなっていた。私は眠っていたらしい。

ホータン行き出発は八時頃だから、七時を過ぎて部屋を出ても間に合うと、のんびりベッドで寝転がっていると、服務員がバタバタ入ってきて、「出て行くの？　行かないの？」。出て行くと言うと「バスはもうすぐ出るよ」。私は慌てた、言われるまま、トイレも行かず顔も洗わず、リュック背負ってカバン抱えて、すぐ部屋を飛び出して並んだ。もうすでに乗る人がたむろしていた。

ウルムチから来るバスのため、空席があれば乗れるが、なければ積み残しになるかもしれない。そうならないことを祈りつつ暗闇の中、列の前の方に陣取り待った。

バスが着くと皆殺気立ち、押し合いへしあい。鉄道火車乗り込みと同じ、うまい具合に乗り込めた。通路側の前から三番目。

午前七時五十分出発、辺りはまだまだ闇に包まれている。若夫婦のトランプがたたったのと朝のバス乗り込みの緊張が安心で緩んだからか外の闇と一緒に眠ってしまった。

気がつくと外は太陽がいっぱい、三六〇度の大砂漠を走っていた。

胸前に抱えたリュックが変なことに気づいた。外側小ポケットのファスナーが半分開いている。やられた！　しまった！　中は空っぽ、何もなかった。住所録以外は、メモ帳、自転車証明書、ナイロン袋、ティッシュなどあまり大切な物は入れてなかったが、このバスの中に犯人がいると思うと悔しい、「誰だ！　住所録だけでも返してくれ！」と叫びたくなった。知らぬ存ぜぬと知らんふりの一人一人見ていると、皆犯人に見えてくる。

このリュックで苦い体験があった。八九年秋の西安、東大街にある唐城大厦（唐城ビル）でのこと。私は何を買うともなく商品を見て回っていた。あるウインドーで立ち止まって店員の説明を聞いていると、私の左脇に言葉なく粘っこく二回三回擦り寄ってくるおばさんがいて、店内は人が疎らなのに変だなあ、おかしなおばさんだなあとその場を離れた。間抜けなことに私はそれから一週間全く気付かなかった。友人がリュックを指さして「どうしたの?」と言われるまで。見るとリュックの襠《まち》の部分が十センチも鋭く切られていた。中にはハンカチタオル、ティッシュと財布、何も盗られていなかった。多分、気持ち悪いおばさんから早く離れたことが幸いしたのだろう。その時以来、私はリュックを肩に引っ掛けないよう、下にぶら下げて持ったり、人混みでは背と反対に胸に抱きかかえることにしている。

後々耳にした話では、掌側に小さなカミソリナイフを仕込んだ指輪を嵌め、何気なく近づき荷物に触れ、一瞬のうちに指輪のナイフで切り裂き中の物を盗みとる手口だそうだ。布製は軟らかくなよなよして切り裂き難いが、私のはビニール製、なおさら切り易かったろう。

頑丈な糸で繕《つくろ》ったあとを見る度思い出す苦い思い出。

寝ぼけ眼で焦ってはいたが、この時、私は背のリュックが気にかかっていたことは確か。いつもの背リュックで部屋を飛び出しそのまま、リュックを胸前に抱え変える時間なく押し合いへしあい、暗闇でどこに何があるか分からないだろうし、皆バス乗り込みで必死だから大丈夫か? それより胸の小袋、ウエストポーチに右手を置いてこれだけは! と、背のリュックは半ば諦め、運を天に任せ、やられても仕方ないと微《かす》かに頭をよぎったことも確か。天は私に味方しなかった。

途中、皮山県でトイレタイム。そろそろホータンに着く。ヤルカンド近郊でも見かけた水田が、このホータン近郊でも多く見られる。砂漠で稲作、稲穂が垂れる光景はいままで歩いてきたシルクロードの町で目にしなかった。黄金色が眩しい。

午後四時ホータン到着。

ヤルカンド—ホータン　三二六キロメートル、八時間、十三元。

十四　オアシス　ホータン

バスターミナルはどの町も同じ。ホータンのバスターミナルも、人と土埃でごったがえしていた。

地図を見ながら、今日の宿と予定していた地区招待所を探して歩く。何度も何度も行く人に聞きつつ、歩けど歩けど、迷い迷い、さっぱり行きつかず。どうも地図がうまくない、人々も場所を教える習慣がないのか、全然的を射ない。重い荷物、焼けつく太陽、いい加減バテてしまって、道端で座り込んでしまった。

目の前を若い漢民族の女の子が自転車で通りかかった。尋ねると、彼女は親切に私の荷物を荷台に乗せ、探している招待所まで連れていってくれた。地獄に仏とはこういうことか、ありがとう。大感謝！

フロントで手続き、ツイン一泊十一元。

部屋に入ると日本女性が一人いた。北京語言学院で勉強している庄司さんは、今日の飛行機が何故か飛ばなくて一日延びてしまったと言った。

少し休んで私たちは夕食に外へ出た。漢民族の飯店で、久しぶりに白い米飯を食べたが残念ながら冷めた米飯で〝美味い！〟の感なくさみしいものになった。

午後九時半から湯が出ると聞いていたので、十時過ぎにシャワーを浴びに行くと、もう水になってしまっていた。


七月二十九日。ゆっくり起きた。庄司さんが午前十時に中国民航へ行くというので、一緒に行くことにした。延々何日もかけてゆりかごバスを走り継ぎ眺めてきたタクラマカン大砂漠を、今度は大空から見てみたいとホータン―ウルムチを飛行機でと大奮発、明日のチケット購入。

路線バスで絹都《けんと》ホータンの絨毯工場へ向かった。白玉河《しらたまがわ》を渡ったところにある絨毯工場は質の良さ、技術の巧みさで広く知れ渡っているらしい。

中に入ると何十人もの織り職人さんたちが、どデカイ織機を前に低めの長椅子に腰掛け、機を織るように糸や小道具を巧みに操り絨毯を織り紡いでいく。年配のベテランから十二、三歳の若いウイグル少女たちまで、手慣れた手さばきは素晴らしく見事。私は暫し見惚れていた。

各種工程に分かれた最後の仕上げは何畳、十何畳もある絨毯を細かくチェック。仕上がり製品を販売してくれるが、価格を聞いてビックリ、一番小さな足拭きマット大のもので、四千元（約十四万四千円）まるっきり手が出ない。

私は高級絨毯に座って、一番小さい絨毯を手にとって記念の一枚。

中庭に出ると、広い通路が埋まるほど一面に黒い綿のようなものを敷き詰め、乾燥させている。絨毯の原材料だろう。その先に一台の大型トラックが停まり、完成、梱包した絨毯を積み込む作業をしている。

私は十分に目の保養をして、工場の前を流れる白玉河をブラブラ歩いた。美味しそうな名の白玉河、カタクリ粉を溶いて流したような乳白色の水が流れる。そういえばヤルカンドの町でも、流れる河の水はこの白玉河の色と同じだった。白玉河から、ホータン玉というギョクが採れると聞いていたので乳白色の流れの中から、光沢のありそうな玉石を二、三持ち帰った。磨けば本物のギョクになるかと。

路線バスで町の中心に戻りバザールを見て回り、ナンとシシカバブーを食べて宿で一休み。この店のナンとシシカバブーは、私好みの味に仕上がっていてまずまず。

図書文物館でホータン一帯の遺跡出土品や、女性と子供のミイラを見て玉の加工工場、美術公司へ行った。到底手の出る物はないだろうと見学だけ。十人足らずの工員がモーター機械の前で研磨し、形を作り上げていく、実に根気のいる仕事。ギョクは宝石の類に含まれるのかどうか、指輪、ネックレス、ブレスレット、置物、灰皿などいろいろな製品がある。酒泉で見た夜光杯と同じ緑と翡翠色の濃淡のギョクはゴージャスきらびやかなダイヤモンドに比べ雅《みやび》で質素なキレイさがあった。

ブドウとメロンとビール一本で夕食、熱いシャワーでリラックス。今日は熱いシャワーに満足満足。夜になって、ホータンで出会った人たちと持ち寄り宴会、若い男性四人と、私より少し年配の女性。ビール飲み飲み話し弾み深夜一時頃まで。

十五　ホータン—ウルムチ

七月三十日午前八時半起床。

中国民航からホータン空港まで路線バスがでている。民航出発は午後三時だ。飛行機フライト時間は午後五時半。

焼き立ての温かいナンを食べたいと、九時過ぎに外へ出た。宿の周囲は何もない、昨日食べた店のナンをもう一度と、テクテク歩いていくと店のお兄ちゃんが覚えていて、ホカホカ焼き立てナンを窯から出してくれた。二枚四角で買って食べながら宿まで引き返し、冷めた湯で残っていた日本製のワカメスープで朝昼兼用の食事、荷物の整理をして一休み。午後二時二十五分、荷物を抱えて歩いて民航へ向かった。

午後二時五十分民航到着。なんと昨日の男性四人が勢揃いしている。空港行きバスが入り、私たちは空港へ向かった。

砂漠の殺風景な空港、小さな売店と丸い木のテーブルと数脚の椅子があるだけ。十人ほどのウイグル族が人瓶ジュースやサイダーを喇叭《らっぱ》飲みしている。待てど暮らせど、アナウンス一つない。そのうち周囲の人々が何を話すこともなく、音をたてることもなく荷物を持って動き始めた。私も彼らの後に続いて並んだ。搭乗券をもらったのが午後五時十分。

待った待った待った。午後七時安全チェック、手提げカバン、リュックサック、ウエストポーチに、首にぶら下げた小袋に至るまで、ガサガサひっくり返し調べられた。ボディチェックは勿論女性。

それから待つこと三十分。午後七時三十三分、飛行機は二時間遅れでやっと飛び立った。タクラマカン大砂漠、大空から見るオアシスホータンは綿畑と水田が賽《さい》の目に緑のキレイな模様を描き、流れる乳白色の白玉河が奇妙な絵図を作っている。こんなに緑多い町だったのかと意外だった。

十五分後、オアシスホータンは遠ざかり、私の視界から緑は消えてなくなった。

私の足下には、誰かがクネクネ曲線を描いたように穏やかで緩やかな大波砂紋が広がり、またある時は誰かが掻き乱したようにメチャメチャな砂場となって抽象的で奇妙な自然大絵画が広がる。

目の前の白い雲が物凄いスピードで水平に流れていく。流された雲はタクラマカン大砂漠に薄灰色の影を落とし、ぼやけた水玉模様を描いている。

足下の一枚の巨大砂絵に所々ゴマ粒を撒き散らしたように見えるのは何だろう？　砂漠の草？

さまざまな顔を見せ、どこまでも続くタクラマカン、砂の大海、プロペラ機はスイスイ泳いで行く。そのうち砂漠と空は融けて一つになった。

一時間が過ぎた頃、眼下に碁盤の目の緑の畑が目につき、夕陽に照らされた河の水が銀の糸を流したようにキラキラ光って眩しい。緑州に入った。アクスの町だ。

プロペラ機は高度を徐々に下げ、午後九時アクス滑走路に舞い降りた。

売店の包子とお茶で軽く夕食を済ませた。

午後十時、プロペラ機はアクスを飛び立ち新疆ウイグル自治区の区都ウルムチに向かった。夕暮れのタクラマカンを眺めつつ、機は火焔山のような岩山の連なる上空を悠々一っ飛び。草木一つない岩山の間には、赤い河がもつれた糸のように幾重にも重なり大きな河、小さな河となって流れていく。

雲の中に入った。暗く暗くなって何も見えなくなった。遠い遠い遠い向こうに、真っ赤な夕焼けが雲間に燃え上がってきた。

アクスからウルムチに向かう機内で出された桑椹汁《サンシェンズ》（桑の実ジュース）は、初めて味わうジュースだった。

午後十一時四十五分ウルムチ到着。

ホータン―ウルムチ　四時間余、四七五元。

十六　オアシス　ウルムチ

機内で親しく話しかけてくれたおじさんに、市内中国民航までリムジンバスがあると教えられ、一元五角で民航到着。

真っ暗闇の中、ウルムチでの宿に予定していた紅山賓館に向かった。二人の北京から来た日本人も、私と同じ宿を予定していたらしく、紅山賓館を尋ねつつ同じ方角に歩いた。あと二人の日本人はどこへ消えたか見えなかった。重い荷物を引きずるように深夜の闇を歩いた。

午前一時半、目指す紅山賓館に着いた。

賓館はこの深夜に結構な人でごった返していた。部屋は？　ない？　これから別宿探しとは、とてもじゃない、その気力なし。

少し待つように言われ、しばらくして案内されたのは五階階段の踊り場、そこには折りたたみ式簡易ベッドが三つ用意してあり、そのうちの一つを使うことになった。後にも先にも初めてのことだったが、屋根があるだけ幸運。

荷物は全部フロントに預けて、顔だけ洗って横になったが、階段を上り下りする人が絶えず、疲れすぎていたせいもあってか、なかなか寝つかれず、うつらうつら、急に寒気を覚え、備えのシーツを首に巻き付け眠ったのは午前四時。


七月三十一日。周囲がやたらうるさくなって目が覚めた。六時半頃？　踊り場のあと二つのベッドにいた二人が起きてガタガタしている。日本人だった。正直、もっともっと眠っていたかったが、そうもいかず起きることにした。

とにかく今日は部屋をとらなくてはと、まず一階のフロントで部屋の空きを待った。三人ドミトリーがとれたところで一安心。ちなみに昨日の階段踊り場簡易ベッドは五元、今日の三人ドミトリーは十五元。

市内バスでウルムチ駅まで。新疆ウイグル自治区の区都ウルムチの駅をまず見ておきたかった。

明日のロシアとの国境に位置するカザフ自治州の州都イーニンへの切符を買うため、ウルムチ駅から長距離バスターミナルの碾子溝《ニィエンズゴウ》へ向かい、八月一日のイーニン行き切符売り場に並んだ。勿論中国人と同じ列、もうすでに何十人もの人がクネクネ列を作っている。並んで三十分を過ぎた時、解放軍らしきおじさんに近寄られ、右隣の窓口に並べと指図された。暗に、この窓口は中国人専用、外国人は外国人専用へ行けと言うのだ。右隣の窓口には軍人、記者、残疾（身体障がい者）と書かれてある。

私はできれば中国人窓口で中国人と同じに並んで中国人と同じ人民幣で切符を買いたかったのだが、仕方なく追い立てられるように右隣窓口に並び直した。

彼は私に香港人か？　と聞いた。日本と答えると、どこへ行く？　イーニン、の会話のあと、私の番がきて、身分証明を提示し、切符を買った。勿論、外貨兌換券を支払った。三十元三角。人民幣だと二十八元八角。約二倍の金額を支払ったことになる。

当時、ブラックマーケットでは日本円一万円を人民幣に換金すると、中国銀行で外貨兌換券に換金する一・五倍～二倍余りに換わった。例えば、百元外貨兌換券は二百元前後の人民幣に換わる。地域によって換金率は違うし、日々変化するのだが。

この旅に出る前、ウルムチでの換金率は西安に比べズッと悪いと聞いていたので、私は西安でかなりの額を換金してきていた。言うに及ばず、この行為は違法。外国人は外貨兌換券を使用すべしが原則である。

しかし、貧乏旅の私は、可能な限り人民幣の旅を続けるべく、中国人と同じにしてきた。例えば何日何時間も並ばずして切符を手に入れようと思えば、手数料込みの外貨兌換券を支払うことで何ら労せず事は済む。が、できるだけ外国人特別扱いを受けず、現地の人々と同じ生活の波を経験したいという夢があったし、それが自分にどこまでできるか、四十歳を過ぎた自分自身への一つの挑戦でもあったから。そしてもう一つの狙いは、安上がり中国シルクロード一万キロの旅を実現したいから。

異国を旅するには苦労困難があってあたりまえ。その苦労困難が旅の味というもの。

右の列に並んだ私のすぐ後ろに、青年が並んだ。彼が私に日本人？　と話しかけてきた。クチャまで行くと言う。私が切符を買った後、彼はクチャまでの料金三十二元二角を百元札を出して支払い、切符をもらった。切符を手に入れた私たちは安心しきってしゃべりながら駅を出た。駅を出て五十メートルほど歩いたところで、一人の男が追いかけてきた。彼はてっきりその男のことをチェンマネと思ったらしく、手を左右に振りながら逃げるように足を速めた。私もどこかで見たことのある顔だなあと思いつつも、その追いかけてきた男をチェンマネと思った。

男は彼を捕まえて手の中に持っていた現金を見せて「おつり！　おつり！　おつりを忘

れている」と言った。六十七元八角。男は窓口係員で彼が切符だけ持っておつりを受け取っていないことを言った。私も彼のおつりのことまでは気がつかなかった。確かに切符が先に出てきておつりは後になる、切符を手にした安心から、忘れてしまったのだろう。

彼は自分の態度の悪さを恥ずかしくすまなく思い、反省していたようだった。なんと親切な係員だろう、こんなこともあるんだなあと、私も幸せを分けてもらったいい気分になった。

〝チェンマネ〟とは、中国大都市では外貨欲しさから外国人目当てに闇で換金するブラックマーケットがあって、例えば、日本円一万円を中国銀行で外国人専用通貨の外貨兌換券に換金すると二百元位だが、ブラックマーケットで闇換金すると、中国人通貨の人民幣で三百元~四百元に換金できる。チェンジマネー略してチェンマネは私たち外国人にどこからともなく擦り寄ってきて、小声で「チェンジマネー?」としつこく交渉を仕掛ける。この行為は公安当局に見つかれば、ハイ! ソレマデヨ! である。清く正しくはごもっともだが、少なくとも私は彼らの恩恵を多大に受け、感謝感謝の毎日を送れたことは事実。

私は一人ブラブラ賓館まで歩くことにした。ウルムチの町は、なかなかキレイに整備されている。バス停の表示もきちんと書かれていて分かり易いし、主要道路の端には鉄柵があり、歩道が作られている。

至る所で〝冷飲〟と書かれた看板が目につき、ヨーグルトやジュース類の店が軒を連ねる。スイカ、ハミ瓜、葡萄の果物店も、冷飲に負けず劣らず売り声高く商売に励む。

途中、大きな十字路角の飯店で肉入り抓飯三元で昼食。商店のパンコーナーで、バター入りの見るからに美味しそうに焼き上がったパンを見つけ、三個二元で買う。宿の紅山賓館が見える大通りで、柿色に熟れて太陽にキラキラ光るトマトを、リヤカーいっぱいに積んだ長い顎髭のウイグルおじいさんと擦れ違った。私はトマトの丸齧りをしたくなって後戻りし、おじいさんに一斤いくらかと問うと三角だと答えた。一斤は確か五百グラムだったと思う。

トマトは熟れて軟らかいのより、少し青臭いカリカリ歯ごたえのある固いのが好きな私は、リヤカーいっぱいの熟れた赤いトマトの中から選んでいると、おじいさんは、これは？　これはどうだ？　と差し出してくれる。よく熟れて軟らかいのばかり、申し訳ないと思いつつ、また選んでいると、突然「あんたは何族だ？」、私は咄嗟に「蒙古族」口から出てしまった。おじいさんはそれからじっと黙って私を上から下へと眺めていた。信じたかどうか、分からない。

私は大きいのを三個と小さいのを二個で一斤、三角支払った。この時、おじいさんは私の目をじっと見てこう言った。「あんたは少数民族、だからトマトを選ばせてやった、漢族ならそうはさせなかった」

私はドキッとして全身血の気がひく思いだった。その意味をあまり深く考えないことにしたが、私のウソをおじいさんに心で詫びた。あのトマト売りのウイグルおじいさんの言葉を今も忘れることができないでいるのは、きっと自分自身のうしろめたさからだろう。

紅山公園の岩山に登った。ゴツゴツした岩山のてっぺんに九重の宝塔が建っている。向かいは妖魔山、妖怪悪魔の巣窟《そうくつ》のような名の山、その昔、もしかして三蔵法師一行を悩ませた難所かも。妖魔山にも宝塔が建っている。紅山、妖魔山の宝塔は災害を収めるために建てられたと聞いた。

紅山の岩山に立つとウルムチの町が一望できる。さすが新疆ウイグル自治区の区都、大きい、道路も整備され、背の高いビルも目立つ、緑も豊富だ。

公園の水道で顔を洗ったら鼻血が出てきた。疲れ過ぎ！　要注意の黄信号点滅、賓館に帰り、昼寝をすることにした。

一時間ほど眠っていたようだ。明日のイーニン行きの荷物整理、重いカバンは賓館に預けてリュック一つで行くことにした。

午後六時、シャワーを浴び、洗濯を終え、部屋に戻ると、二人の白人女性がいた。フランス人だ。

私は昨日見られなかった夢を今日、一緒に見ようと、早いうちから眠りについた。

十七　ウルムチ―イーニン

八月一日。軍人節だ。午前九時五分、碾子溝バスターミナルを出発。左に妖魔山宝塔、右に紅山宝塔に見送られ、ウルムチを後にした。

バスは大平原をひた走る。左右に展開する山々は砂漠の山々と違って優しい感じがする。黄金色の大輪をつけた向日葵畑が続く。銀色に輝く太陽と金色に光る向日葵が強烈に目に痛く刺し込む。

そのうち頭がガンガンして熱っぽい、身体の節々まで痛い、座っているのもしんどい、辛い。目を開けていられない。ボーッとしてきた。風邪だ、風邪をひいてしまったようだ。一昨日の階段おどり場、着のみ着のままノースリーブTシャツ、寒かったあの夜、疲労した私の身体に風邪が入り込んできていた。

窓に映る大自然は色褪せ灰白色にボヤけて遠くへ逃げていく。深く眠ってしまった。

誰かの声で目が覚めた。今夜の宿、精河汽車旅舎に着いた。イーニンまでは一日では行けず途中一泊しなければいけない。精河のバスターミナルにある簡易宿泊所だ。

とにかく横になりたい、休みたい、眠りたい、それだけ。

三人部屋に入ることになった。ヤルカンドの宿のように厄介な押し問答なく、ここではすんなり宿に入れた。良かった。四元五角。

一緒に部屋に入ったのは、おばあちゃん、お母さんと五、六歳の女の子、母子三代だ。彼女たちは何族だろう？　ウイグル族でないことは分かるが、回族かな？　話す言葉は全くチンプンカンプン。

持っていた風邪薬を飲んで着のみ着のまま、布団を被って横になった。出る出る、汗が噴き出る。いつの間にか眠ってしまったらしい。


八月二日。ドアをバンバン叩き、叫び声をあげる男の声で目を覚ました。

「バスが出るぞ、すぐ出るぞ」

私たち四人はビックリして飛び起き、なりふりかまわず、とにかく荷物を持ってすぐさまバスに乗り込んだ。一分とかかっていなかっただろう。

本来、午前六時の出発、私たちが起こされたのは六時半。迷惑をかけてしまった。私は薬が効いて半ば死んだように眠ってしまっていたに違いない。彼女たちも疲れていたのだろう。

暗闇の中、バスは走り始めた。私は残っていたパンを口に放り込み、薬を飲んだ。昨日ぐっすり寝たせいか、薬が効いたせいか、ガンガンズンズンしていた頭はスカッと爽やかまではいかないまでも、心なしかシャキッと楽になっていた。が、クシャミ、鼻水が多く出始めた。まだまだ危ない。用心！　用心！

車窓右後方がイヤに明るくなった。振り向くと、真っ暗な地平線の彼方にキレイなオレンジ色の層が薄く見え、ポツリ一点白い光、日の出だ。大平原に昇る朝日、真っ赤というより眩《まばゆ》い銀色の巨大な太陽だった。

暗闇の精河を出て辺りがしらじら明ける頃、景色は昨日と全く違って緑が多くなった。バスは馬力がないのか、山坂を登るスピードが少しずつのろくなって、一瞬止まったように走りが遅くなる。

左右の山は一面緑の芝を敷き詰めたように丸く、なだらかで軟らかな優しい丘陵台地。天然のゴルフ場みたいだ。

午前十時を過ぎた頃、大きな大きな青い湖が見えてきた。空の青と同じ青、澄み切った透明で美しく広大な青い湖、サリム湖。

思いもしないことに、運転手が青いサリム湖のほとりでバスを停め、二十分の休憩をくれた。私は湖の波打ち際まで行ってみた。バスから見た通り、透き通るように清く澄んだ青い水、私は少し口に含んでみた、冷たい、全くの真水、トルファンのアイディン湖のような塩気はない。

目の前は青一色、打ち寄せるさざ波の音を聞きながら大きく深呼吸、清々しい自然の気に包まれた。小さく寄せては消えてゆく波打ち際の小石を一つ記念にもらった。

バスはサリム湖を後にした。サリム湖を取り巻く大平原には数え切れないほどの羊が放牧されていた。

山の頂を越えたのか、バスは突然スピードをあげ走り始めた。周囲の景色は一変、険しい岩山に針葉樹か？　大木が茂り、馬、牛、羊の放牧、野生だろうか、駱駝《らくだ》も四、五頭、尖った山の頂をのんびり歩いている。二コブ駱駝だ。自然の中で駱駝を見るのは今回で二度目。一度はクチャからアクスに向かうタクラマカン砂漠。バックが違うと、同じ駱駝を見てもまるで違う生き物に見える。

駱駝は、やっぱり砂漠がピッタリお似合いだ。

いつかテレビで見たスイスを思わせる風景にどこからかヨーデルが響いてきそう。カザフ族の包《パオ》がいくつか見える。豊富な水をたたえた大きな川が流れている。

寒い寒い、空気が冷たい。

険しい山をいくつ越えたのか、麓に下りるにつれ、少しずつ寒さが和らぎ肌に暖かみを感じだした。

正午、バスは昼食タイム、抓飯を食べメロンを一個買って立ち食い。このメロンの甘さは半端じゃない、今までにない甘さだ。

道路の左右は向日葵、とうもろこし、綿、緑の野菜の畑が延々続く。二メートル近い大輪の向日葵大群には圧倒される。

市内へ続く道の両側には、スイカ、桃、瓜、林檎、葡萄と果物の王様がズラリ並んで、この土地の豊かさがよく分かる。
午後二時頃のイーニン到着となった。

ウルムチ―イーニン　七一四キロメートル、三十元三角。

第三章　イリカザフ自治州州都

一　イーニン

イーニンはロシアとの国境に位置する町で国境まで百キロほど。

イリ賓館に宿を求めていくと、四人ドミトリーがとれた。一泊七元。八月二、三日の二泊分十四元を支払って部屋に入ると、三つのベッドはそれぞれ荷物が置いてあった。まだしんどい身体を空のベッドに横たえた。今日は外をウロつかず、部屋でボンヤリ静かにおとなしくしていよう。

シャワーを浴び、洗濯して部屋に戻ると三人の女性がいた。一人は日本人だった。

まだクシャミ、鼻水が出る。しんどい。

八月三日午前七時前。ゆっくりしたかったが、三人の女性が早くから起きてガタガタするので仕方なく起きることにした。頭はボーッとしている。

フロントでイーニンから八十キロ西にあるロシア国境際《ぎわ》、コルガスの町へ行きたいが、と交通便を聞くと「不開放！（開放していない：旅行客は立ち入り禁止）」の一言が返ってきた。そのことを部屋の彼女に言うと、行けるはずだ、問題なし、往復四時間、自分たちはこの賓館の仕立てた車で行ってきた、それも昨日行ったと言って写真を見せてもらった。人数を集めてチャーターするのかもしれないが、それにしてもそれならそのように説明してくれればいいのにとボヤいてはみたものの、体調が体調だけに、これは「止めろ！」と言ってくれているんだと諦めた。

清代末の大臣、林則徐《りんそくじょ》の住まいがイーニンから西へ四十キロほど離れた恵運にあるというので、薬局を探しながら恵運方面行きのバスターミナルまで歩いた。

風邪がまだまだ治らず、熱も三十七度五分ある。薬がなくなってしまっていた。割合熱には強い方だが、この炎天下を歩くには体力消耗が心配。しかし、せっかくここまで来たのだからと無理を承知で頑張ることにした。

残念ながら、薬局という薬局は全部閉まっていて、薬を買えないまま午前九時四十分発のバスに乗った。

イーニンでは新疆時間を使っていて、北京時間より遅い。そのため店が開いていないのだろう。

地図も何もないので、バスの運転手に恵運に行きたいが、と言うと、水定の手前で降りればいいと言われる。乗客も多くはなかったので、運転手の近くに座って、その場所に着いたら合図してくれるように頼んだ。

バスを降りて、左に背の高いポプラ並木の一筋の大通りがある。砂埃で緑の葉が白くなってはいるものの、生き生きと天空を突き抜くように伸びている。

私はいつになったら行き着けるのか、心細さを感じながらポプラ並木をずっとずっと歩いた。三十分ほど歩いたところで、馬車のおじさんが乗れ乗れと誘う。遥か一本道の先に小さく恵運鼓楼が見えてきた。やっと来たと少し胸を撫で下ろし、歩く歩く、休まず、ずっと歩く。

ポプラ並木の両側には、日干しレンガ造りの土色の四角い家が立ち並び、並木のすぐ下には小さな溝が掘られ、水も流れている。

歩く後ろからウイグル族の女の子が自転車に乗って近づいてきて「どこから来た？　カメラ持ってる？　写真撮りたい？　家に寄って！」と、矢継ぎ早にまくし立て、私の手を引いて彼女の家に連れて行こうとする。私は鼓楼を見て帰りに寄るからと言っても、とにかく先に寄れときかず、やむなく家に入り、彼女ご希望の写真を二枚撮った。写真は後日郵送するからと約束して別れた。この約束は間違いなく果たした。

日干しレンガ造りの壁の中には、自給自足の野菜畑があり、青い林檎がたわわに実っていた。きっとこの辺りの家々のつくりはこんな風なんだろうなあとボーッとした頭を抱えて、右に左に目をやりながら歩いた。

こんなところに似つかわしくない高級乗用車が停まっている。どんな人が乗っているのかな、と思いつつ横を通りかかると、中には人がいなくて側に男の人が一人立っていて、その彼が私に突然話しかけてきた。

「どこから来たの？　一人なの？」

「日本から、一人」と答えて通り過ぎた。

医者？　薬店？　看板は掛かっていないが、ガラス越しに薬をいっぱい積み上げてあるのが見えた。私は迷わず飛び込み「銀翹片《ぎんぎょうへん》ある？　風邪で熱、鼻水があって」と言うと、「有《ヨウ》！（ある）」と、小さな一箱を出してくれた。一元八角。銀翹片という薬は西安で風邪に良い薬だと聞いて覚えていた。

時間は丁度昼時、うまい具合に斜め向かいに小さな飯店がある、米飯を食べられるかと聞くと、「できる」と答えたので、米飯と葱爆肉《ツォンバアオロウ》（玉ネギと肉の炒めたもの）を注文、待っていた。

偶然かどうか、さっきの車の男の人が入ってきてビールを飲みだした。私の横に座って、いいと言うのに、この暑さ、冷たいビールを飲めばスカッとすると言って、コップに一杯ついでくれた。

彼は名刺を出して、ウルムチのハイヤー会社の張ですと自己紹介した。観光客や会社関係の日本人との接触もかなりあるようだった。ウルムチに帰って何か困ったことがあれば、いつでも尋ねてきて下さいと、ビールを飲み終わると彼はすぐ出て行ったが、私の注文した料理代まで一緒に支払ってくれた。

中国大陸の西端、ロシアとの国境近く、辺境の地で見ず知らずの人にこんなに親切にしてもらって、嬉しく有難く申し訳なく、ただ感謝した。

私は買ったばかりの銀翹片を飲んで、ゆっくり店を出た。乗用車はもう消えていた。ご馳走してもらったからではあるまいが、熱があるにも拘らず、米飯が甘くこんなに美味しかったことは、中国に来てから初めてだった。湯気上がる炊き立てホッカホッカの米飯だった。

店主にイーニン行きのバスはあるかと聞くと、二時間待てばあると言う。鼓楼へ行って恵運将軍停を見て丁度いい時間だろうと、まず鼓楼へ。すぐ見つけられると思った恵運将軍停、重く棒のようになった足で探せど探せど見つからず。とうとう、恵運将軍停はどこ？　と尋ねてみる。探しても分からないはず、なんと人民解放軍の部隊の中にあった。門番兵に、日本から来たが林則徐の住まいを見せてほしいとお願いすると、快く中に入れてくれた。

林則徐は清代末の大臣で、イギリスが中国にアヘンを持ち込むことを反対し、大量のアヘンを焼き捨てた。有名なアヘン戦争の始まりだ。イギリスの圧力に屈した清政府は、林則徐を遥か遠いロシアとの国境、恵運の地に追いやった。

まるで公園のようにキレイに清掃してある。音もなく静寂だけ。恵運将軍停に立っていると一人の解放軍兵士が通りかかり、一言二言話をしていった。陝西省出身の物静かで落ち着いたいい若者だった。

バス停まで来て、念のため近くの商店でバスの時間を問うと、午後六時か六時半までないと言う。いったいどうなっているの？　さっきの店主の話と違うじゃないか。しかし、わめいたところでどうにもならぬ、待つしかない。この後予定していた果樹園とイリ河行きは無理か。

一時間ほど待った午後四時頃、四、五人乗りの小型四駆車が呼び声元気良く「イリ、イリ」と大声で叫ぶ。イーニン？　と聞くと「そうだ」と答えたので、飛び乗った。乗り合い小型四駆車だ。

午後五時過ぎ、イーニンに戻れた。予定通り果樹園に向かった。途中青テントを張った面白いヨーグルト売りを見つけた。テーブルの上に、雪のように白いヨーグルトを入れた大きなホーローの洗面器と、湯呑み茶碗ほどの茶碗を幾つも並べ、その横には白布で覆った大きな氷の塊。迷った挙句、結局食べずに歩いた。

果樹園への道を尋ねた漢族の小学生と中学生の女の子が、連れて行ってあげると道案内をしてくれてとても助かった。

歩く道々、彼女たちが言うには、ウイグル族はとても悪い、お金は盗むし、実った果物は盗る、あなたは一人で恐くないか？　と。私は大丈夫と答えたものの、注意！　注意！と言いきかせた。

果樹園は果てしなく広大で、林檎と桃が多いようだ。収穫の後だったのか果実はほとんどなく緑の葉が生い茂って一面緑。緑濃い果樹園の中央に、六角形の大きな休憩亭？　が見える。鎖がしてあって果樹園の中には入れない。のんびり散歩がてら来る人もいるようだ。

路線バスに乗り込み、イリ河へ向かった。

イーニンの路線バスも、よくこれで動いているなあと感心する。床は剝がれかけ、ドアも閉まりきらないし窓のガラスはあるところとないところがある。例えるなら、コウモリ傘の張り替え途中で傘をさして歩くようなものだ。私もかなりのバスに乗っているが、アクスからカシュガルに向かう、シートごと沈むバスに次いで、このバスも今までにないバスだ。

終点で降りて、真っ直ぐイリ河へ一本道。道路の左右にある並木の下に豊かな水がとめどなく流れ、その奥に土塀に四角く囲まれた家が立ちならぶ。ふらり覗かせてもらった回族の家は、中庭も広く小さな子供たちが三輪車で走り回り、野菜畑や葡萄棚もあってその暮らしぶりがうかがえる。

バス終点から歩くこと二十分。イリ河に着いた。川幅は広く、百メートルは優に越え、近代的な大きな橋が架かっている。濁りのない、澄んだ水が緩やかに遥か西方へ流れゆく。やがて遠くロシアのバルハシ湖に注ぎ込むイリ河。

河辺に下りてゆくと、黒山の人だかり。何事かと思いきや、TV局の撮影隊で、目鼻立ちのはっきりした彫りの深い中年男女が、膝から下を川水に浸かり何か話し合っていた。男は膝まで灰色ズボンを捲《まく》り上げ、白カッターシャツ、女は薄いピンクのワンピースに長い黒髪。ウイグル族だったが、とても有名な男女らしかった。ドラマ撮影か？　イリ河をバックにいい絵になるなあと、暫く眺めていた。

イリ河に落ちる夕陽が地平線に傾き、益々いい絵になってきたがバスがなくなっては困ると、今来た道を、後ろ髪を引かれつつ引き返した。

この店の拌面が美味しいから是非食べていけと、一人のウイグル族に呼び止められた。腹具合も丁度いいと、誘われるまま拌面を食べた。それが良かったか悪かったか、その後「朋友《ポンヨウ》（友達）！　朋友！　ビール飲もう、フルーツ食べよう」と、しつこく付き纏われた。ふと漢族の二人の女の子が言ったことを思い出し、少し恐くなり、逃げ腰で「謝謝！再見！」と笑顔で必死に振り切った。そして、後ろを振り向き振り向き、彼の姿を確かめながら足早にバス停まで来た。

怖々《こわごわ》と後ろを向くと、もう彼の姿は見えない。足の震えを感じつつ、ああ良かったと一呼吸。バスが一刻も早く来ることを願いつつ、カラカラに渇いた喉を癒そうと売店でヨーグルトを買った。ヨーグルトを持つ手も小刻みに震えていた。

思っていたよりも早くバスが来た。どこ行きかを確かめる余裕なく飛び乗ろうとしたその時、あのウイグル族お兄さんが、バスの後ろで自転車に跨がって私を見ていた。これには全身の血が止まってしまった。慌ててバスに飛び乗り手を振った。彼はしばらくバスの後ろについて必死で自転車を走らせていたが、いつしか彼の姿は消えていた。内心気が気ではなかった。

どうにか無事に町まで帰ってきた。ナンを買おうと昨日見つけておいた美味しいナン売りのお兄さんの窯へ行ったが、時間が遅かったせいか残念ながら閉まっていて買えずじまい。宿のシャワータイムは午後十時まで、急がないと湯浴びできなくなる。走って走って滑り込み、急いでシャワーと洗濯。

フロントを通りかかると、恵運で出会った張さんがいた。またまたビックリした。彼は冷たい物でもどうかと言うので、近くの飯店でビールを飲む。明日朝一の出発で夕方にはウルムチへ帰り着く、良ければ一緒にどうかと誘ってくれた。有難かったが、誰かのチャーターしたものに失礼と丁寧に断った。一時間ほどで部屋に戻り薬を飲んでバタン。

八月四日。ゆっくり起きたかったが同部屋の三人がガヤガヤ、やむなく起きた。体調はまああのようだ。

明日五日のウルムチ行きの切符を買おうと、バス発着所のイリ飯店へ出かけると、今日午後一時発のウルムチ行き切符があるというのでその切符を買った。二十八番座席。

油条《ヨウティアオ》（棒状の揚げパン）と豆漿《トウジャン》（豆乳）で慌てた朝食、ナンを五枚と蟠桃《パンタオ》一斤を買って、急ぎイリ賓館に戻りバタバタ洗濯物をたたんで荷作り。再度イリ飯店に向かった。

蟠桃という変てこな珍しい桃は、この辺りの特産かもしれない。普通、私たちの知っている桃は丸い、ところがこの蟠桃という桃は上下から押し潰したような四角型で中央が少し凹んでいる。桃の色合いは同じ桃色、桃の香り、味も全く同じ桃の香りと味、反って甘みは数倍甘く、ほっぺが落ちるほどとはこういうことか。実はこの蟠桃の種を乾燥させて日本に持ち帰って土植えしたのだが、残念ながら発芽しなかった。

二　イーニン―ウルムチ

二十八番座席はバス中ほどの三人掛けシートの真ん中。両脇は漢族男性。午後一時出発が三十分遅れてイリ飯店出発。

三十分も走らないところで、バスが故障。昨日行った恵運のずっと手前だ。のんびりした修理が始まった、ほとんどの乗客がバスを降りた。待つしかない。運転手は一時間ほどかけて修理したが、エンジンがなかなかかからず、乗客の男たち全員でバスを後ろから押すことになった。イ！　アル！　サン！　のかけ声で、男たちは両足を踏ん張り、全力でバスを押した。何度目かでやっとエンジンがかかり、バスは動きだした。午後三時をまわっていた。

バスはひたすら走り続け夕暮れ時の美しいサリム湖を過ぎ、大平原の遥か地平線の彼方に西へ伸びる一本の黒線、ロシアへ向かう国際列車か？

今日の宿に着いたのは午後十一時半、精河の宿とは違っていた。博尔塔拉農墾局九一招待所。与えられた部屋は十一号室、三人部屋、三元五角。

二人の漢族のおばさんと一緒に入った。部屋に入るや否や、一人のおばさんが部屋の隅で壁に向かいお尻丸出し、シャー。中国トイレ事情に慣れているさすがの私も、これには声も出せず目を丸くした。

腹ごしらえは深夜の屋台で、贅沢この上ない満天のキラキラ宝石を仰ぎ見ながら、四角い湯面《タンミィエン》（スープ麺）を食べた。

八月五日午前六時十五分。ドンドンと、ドアを叩く音で起こされた。顔を洗い、すぐバスに乗り込んだ。眠ったり起きたり。バスは走り続け、十二時半、西河新村でようやくトイレ休憩。

イーニンで買ったナンで昼食。一時間の後バスはいざ出発という時になって、またまた故障し、動かない。結局、午後三時まで修理タイム。

発車オーライ！　一路ウルムチへ向かった。途中〝砂山子〟の地名があった。なるほど、砂山があって子供たちが踏み締めたような足跡がくっきり見える。敦煌鳴沙山にはほど遠い。

午後五時ウルムチ到着。

イーニン―ウルムチ　七一四キロメートル、二十八元一角。

三　新疆ウイグル自治区区都　ウルムチ

紅山賓館で三人ドミトリーがとれた。三三二号室。預けておいたカバンをもらって部屋に入るとアメリカと香港の女性がいた。

アメリカ女性はとても陽気で気さくに話しかけてくる。イーニンのバザールで安く買った帽子だと見せる彼女の何とも嬉しそうな笑顔が可愛く、印象に残った。

今日は何もせず、ゆっくりシャワーで眠りについた。

八月六日午前八時。気持ちいい目覚め。昨日はぐっすり眠れた。風邪もどうやら抜けてくれたらしい。

九時過ぎまでベッドでゴロゴロ、十時半、明日七日の天池行きのバス切符を買いに、紅山賓館とは西大橋を挟んで、斜め向かいにある人民公園へブラリ出かけた。

公園は出店も立ち並び結構な人出。私は天池行きの切符売り場を探して並んだ。往復十五元、四号座席。

市内バスで新疆ウイグル自治区博物館へ。中には少数民族の写真、衣服、家屋や生活、風俗習慣などが陳列紹介されていた。日本と違って、多民族を抱える大中国のとてつもない素晴らしさを感じた。

展覧館はこれというものはなく、午後二時半、宿に帰るには早すぎると動物園へ行くことにした。

博物館、展覧館は市の北部、動物園は市の南部、私は市内七路バスに乗って動物園へ。大きな動物園ではないが、虎、ライオン、熊、白熊、猿、駱駝、馬、鳥類と一応の動物が大きな強い太陽と戦っていた。中でも思いも寄らぬ貴重な動物に巡り合えたのは大感動、大感激だった。

孫悟空のモデルと言われる金《きん》絲《し》猴《こう》。艶ある金色の毛に包まれた金絲猴二頭が檻の中に渡した板に仲良く並んで座っていた。そのうち右側の一頭が左横の一頭に片手でチョッカイをかけた。左は素知らぬ素振り、その様子に右はしつこく二度、三度とチョッカイをかける、チョッカイのかけ方もだんだん強くなる。始めは黙って許していた左も、そのくどさにいいかげん頭に血が昇ったのだろう、顔を歪めて怒ったように逆らった、両者は次第に喧嘩っぽくつっつき合ったと思うや、一瞬にして抱き合ってしまった。しかし、抱き合ったと思ったら、すぐ離れてしまった。アレッと思う間もなく、また抱き合った、今度は全く違って、右のは左の頭に手をまわし、愛《いとお》しむように抱え込む、左は右の胸に深く顔を埋《うづ》め抱き合ったまま少しも動かず、長い時間離れずにいる。いつまでこのままでいるのかと私はずっと彼らを見ていた。飽きもせずずっと見ていた。檻の前には私一人。

右のが長い手を伸ばし横たわった。すると左のがスッと近づきノミとり、毛づくろいを始めた。

雄雌の区別は分からなかったが、多分右がオス、左がメスの夫婦だったのだろう。ラブストーリーとまではいかないまでもミニ愛情ドラマを見ているようだった。

午後五時頃、動物園を後にした。

〝手紙〟を探して商店を歩き回ったが、どの店も売ってなく、なかなか見つけられなかった。手紙とは、トイレットペーパーのこと。当時中国一般家庭ではあまり使うことのないものだけに、足を棒にやっと見つけた。

トイレットペーパーだけでなく、ティッシュペーパーなど気のきいたものはなく、あっても高い、それでもないと用は足せない。私はいつも旅に出る時はトイレットペーパーを持って出る。中の芯を抜いてできるだけかさばらないようにカバンに入れる。

賓館に戻りゆっくりシャワー。

夕食は外へ出ず賓館内の食堂へ、残念ながら不味《まず》かった。


八月七日。隣ベッドのアメリカ人が今日トルファンへ行くのに、服務員に朝起こしてくれるよう頼んでいたらしく、午前八時前にバタバタ起こしに来た。彼女は出ていった。天池行きは午前九時出発なので、八時四十五分、人民公園に行くと、ほとんどの乗客が集まっていた。八時五十分の出発となった。

ウルムチから北へ走る。大平原に放牧された駱駝の群れが見えたかと思うと、突然のビル群、また大平原。途中、朝食をとるために運転手は米泉《べいせん》県に立ち寄った。私は炒面を注文したものの、不味いの一言。バスは阜康《ふこう》県に向かう。

日光いろは坂を登るように、クネクネグルグル、グルグルクネクネ、勇ましく勢いよく怒濤の如く流れ落ちるボゴタ山の雪解け水に沿ってバスは走る。

沢山の包が見える、豊富に流れる河水の側に作られた包、カザフ族の包だ。

広く澄み渡った空の青、深い針葉樹の緑、終年積雪ボゴタ山の白、宙に浮かぶ天上の池、エメラルドグリーンの大鏡、天池に辿り着いた。

万年純白の帽子をいただくボゴタ山脈の主峰ボゴタ山五四四五メートルの中腹一九八〇メートルに位置し、深さ一〇〇メートルを越える天池は、波浪一つなく静かに眠るように私を迎えてくれた。

湖面を滑る遊覧船が奥へ奥へ、デンと聳え立つボゴタ山に向かってスイスイ進みゆく。船上に立つ私はスーと天池の奥深く引き込まれてしまいそう、ボゴタの山中に消えてなくなりそう。

緑深い針葉樹の間を行くと、大きな岩肌の谷間を怒濤の如く雪解け水が流れ落ち、いくつもの小さな滝をつくる。空を舞う水飛沫《みずしぶき》、白モヤの水煙、手を伸ばせばすぐそこに摑めそうな七色の虹、空の青をバックに一枚の美しい自然の絵を描く。

乾いた砂漠を旅してきた私にとって、ここは別世界、夢の竜宮城に舞い降りた浦島太郎の世界、呼吸を忘れてしまう。

後ろに人の気配を感じて振り向くと、カザフ族の母娘が立っていて、二人の写真を撮ってほしい、と目の前にある大きな岩のてっぺんに上がりポーズをとった。母は娘の肩を抱き寄せ、娘はやや緊張気味に笑顔を作った。レンズを通して見る母娘は全く同じ目をしていた。純朴な、澄んだいい目をしていた。

湖岸に立ち並ぶ包の間をぬってウロついていると、どこからともなく香ばしい香り。つられつられ香りを辿ると、頭に真っ赤なスカーフを巻いた女性が、レンガや石を上手く組み合わせた竈《かまど》で昼食の準備中。薪が竈の中でパチパチ音をたて燃え盛り、中華鍋の中で米が踊っていた。生唾《なまつば》を喉へ送り込みながらしばらく見ていると、彼女は出来上がった飯をお碗に一杯だけ持って包に消えた。残りの飯はきちんと蓋をして。

隣の包の小さな入り口前に、今剝がしたばかりのような一頭の羊の皮を大きく広げて、カザフ族の女性と、仲買人かウイグル族の男性が、いくら？　安い、いくら？　高いと商談。どうやら話はまとまったようで、男は女に六十元ほど支払ったようだった。

そのまた隣の包前を通りかかると、中から女性が出てきて、包の中に入れとしきりに誘う。私は誘われるまま中に入ると、丸い包の中央にいろり風の火、そばに半畳くらいの板、その上に直径三十センチ、厚さ五センチほどの丸い硬パン、それを取り囲むようにイガグリ頭の男の子二人、ピンクのワンピースの小さな女の子とアラビアのロレンス風に白布をスッポリ頭に被り、白シャツ、白ズボンに膝下までの黒ブーツの勇ましい出立ちのおばあちゃんが座っている。

彼女は茶碗に熱いミルクティーを注ぎ、鉈《なた》のような包丁で硬パンをクッキー風に小さく切って「さあ！　どうぞ！」。これはこれは、何とまあ、至れり尽くせり、遠慮なく頂戴した。

包内を見回すと、生活必需品の衣服、食器等台所品、布団などきちんと整理整頓されてなかなか居心地良さそうだ。

写真を撮ろうとすると「ダメ！」と制され、一元を要求された。エッ？　何？　なんとそれは接待費だった。観光客相手のいい商売を考えた彼女たちの素晴らしい知恵だと感心した。

写真はどうしてダメなのかと聞くと、勇ましいおばあちゃんが言うには「写真を撮ると頭が痛くなる」。だが、いろいろ話すうち少し親しみをもってもらえたのか、一枚の写真だけ許された。

そのまた隣のパオ前を通りかかると、入り口で若いお母さんが毛布に包んだ生まれて一ヶ月くらい？　の赤ちゃんをだっこして、母乳を飲ませていた。小さく白いモミジの手は、お母さんのオッパイを抱えるように満足気な顔で飲んでいる。お母さんはどこのお母さんも同じ、幸せいっぱいのいい顔だ。その奥でおばあちゃんが片膝立てて、絨毯の上に置いたミシンのフーリーをせっせと動かし、何やら繕い物をしているようだ。

そのまた隣の包前では、子供たち五、六人を集めてお母さんがスイカを切って分け与えている。

そのまた隣の包は、新築パオか？　とてもキレイ、丁度若い女性がいたので、中を見せてもらえるか聞くと、気持ち良く「どうぞ」と案内された。中に入ると背の高い、若く逞しい男性がいて、アッ！　新婚さん？　包内は実にキレイ。寝起きする部分の周囲と床に鮮やかな花柄絨毯を隙間なく敷き詰めてある。折りたたんだ布団は重ねてピンクと紅の大きな花柄の布で覆って、その上にまたまたピンクの小さな花柄のカバーをかけた枕が二つ。丸い包の四分の一くらいの広さはキッチンにしているようだ。薪や鍋、釜の類いもきちんと洗って伏せて魔法瓶や調味料も置いてある。

二人とも無口。男性は頷くだけでとうとう一言も話してくれなかったが、女性は聞くと一つ一つ答えてくれた。最後に分かったことは、彼ら二人は夫婦ではなく姉弟だった。陽気なウイグル族と違って、カザフ族は物静かな民族なのかな？

観光客がとにかく多い。日本人もかなり来ている。

カザフの民は一見、そんなことは全くお構いなし、我が道を行くマイペースで日常の生活を送っているようにも思えるが、内心日々よそ者の襲来にイヤ気がさしているかもしれない。

大自然の素晴らしい生命エネルギーを全身に浴びて生きる彼らの生活を、我ら物見遊山が大型バスで乗りつけ、乱し邪魔をしているかと思うと、申し訳ない気持ちになった。もうすでに観光地化されつつあるここ天池は、三十年を過ぎた今、観光客の襲来はエスカレート。あの時出会ったカザフの民は天池を追われてはいないだろうか？　写真を撮られると頭痛がすると言ったおばあちゃんは？　あの無口な青年は？

午後五時。天池を離れ午後七時半には宿に戻った。シャワーの後、冷たいビール奮発で夕食、ベッドに横になった。

ふと思い出した。遊覧船に乗る時、切符をチェックするお兄さんに二回とも呼び止められ「どこから来た！」「西安から」を繰り返した。中国人切符は二元、外国人は七、八元だったように記憶している。五十六の多民族国家でも、私はやっぱり中国人には映らないのか。服装に問題があるんだろうな。


八月八日午前九時半。ウルムチ駅で、十日のウルムチ発西安行き切符を手に入れるべく窓口で並んだ。

ウルムチ駅での切符購入手順は予《あらかじ》め調べておいたが、先ず第一日目、切符購入登記のため窓口の列に並ぶ、第二日目、登記窓口で切符購入申請用紙を貰う、その用紙の記入すべき項目に記入、その後十二号窓口で並んで購入する。もし並んだ順番前で切符が売り切れになった時は、ハイ！　ソレマデヨ！

並んで様子を見ていると、どうやら硬臥舗を手に入れるのは難しいようだ。頑張って、辛抱強く何時間何日並んでもおそらく無理と諦め、腹を括り、シルクロード四十日の旅の締め括り、よく一人頑張った！　と褒めてやろう、褒美として最後のウルムチ―西安二泊三日の旅を、最高の贅沢で自分をねぎらってやろうと、ウルムチ駅を後にした。

人民公園に着いた。もう一ヶ所行きたいと思う場所があった。昨日行った天池行きの切符売り場の横に、その切符売り場があった。

南山牧場。ウルムチから南へ約六十キロ、天山山脈の山間、白陽溝にある。

明日九日の南山牧場行きの切符を、と言うと、残念ながら売り切れ。仕方なく一日ずらし明日、翌日十日の切符を買おうと宿に帰ろうとした時、後ろから「オイ!」と呼び止める声がして振り向くと、あの恵運で出会った張さんだった。二度あることは三度あると言うが、ビックリした。

彼は切符売り場の中に居たらしく、窓口越しに私だと分かって慌てて奥から飛び出してきたようだった。彼は今から香港人四人を連れて南山牧場へ行くから、時間さえ良ければ一緒に連れていってくれるという。料金は?　と聞くと「不要銭(お金はいらない)」。香港人からハイヤー貸し切り料を前払いで貰っていると言った。

香港の人たちには本当に申し訳ないと思ったが、甘えることにした。

車は途中、昼食に少し休憩、この時も張さんはよく利用する飯店なのか、店主と気安く話しながら拌面をご馳走してくれた。約二時間走って白陽溝南山牧場に着いた。

細い霧雨が大草原を濡らし、草の緑を一層鮮やかな緑にしていた。

車を降りた私は、予想外の冷たい空気に包まれブルッブルッ、小刻みに身震いした。薄い木綿の短パンとノースリーブTシャツ、寒さでガタガタ震えた。まさかの寒さに内心不用意な自分を反省。

集合時間を約束して、どこまでも広がるなだらかな緑の丘陵へ。草原の奥に、ボゴタ山にはほど遠いが、ゴツゴツした岩肌にてっぺんが鋭い針のように尖った背の高い針葉樹が疎らに食い込んだ険しい山、その山懐に高さ二十メートルほどの滝、私はゴーゴー音の響く方へ歩き出した。

彼は鳥肌を摩《さす》りながら歩く私を気づかって、自分が羽織っていた黒の皮ジャンパーを脱いで寒いだろうと言って貸してくれた。私は最初、申し訳ないからと断ったが、結局、またまた甘えることになった。

私が西安を出たのは七月初め。いつも不思議だったのは、真夏の四〇度を越える猛暑の中、皮ジャンを着込んだ男性の多さ。旅する時の流れの中でその意味が分かった。

勢いよく落ちてくる雪解け水の音だけが強く響き、他の何音も聞こえない。滝壺に立ち、天空から飛び散る水飛沫を受けながら、暫く目を閉じた。虚空、無の境地。

大自然、大宇宙の気のシャワーを、全身隈なく浴びて元気をいっぱい貰った。自然に感謝。

包の点在する大草原を、あてもなくブラついていると、小学校にあがるかあがらないかの男の子が三人、大きな馬の手綱さばき宜しく颯爽と駆けてきた。私は咄嗟に「カッコイイ！」と声をかけながら、夢中で拍手していた。

馬上凛々しい三人の少年は、Ｖサインを作って笑ってポーズ。

彼ら遊牧民の日常の生活はまだまだあった。

二人のカザフ族の男性が羊を解体しているところに出くわした。ハッ！　どうしよう！と思ったが、恐いもの見たさもあって、彼らが六頭の羊を解体し終えるまでじっと見ていた。それはもう見事というしかない。実に手際良く、一本のナイフで切り捌《さば》いていく。毛皮を剝ぎとり、肉、内臓を分け、血は大きなタライに、毛皮には一滴の血もついていない。三六〇度見渡す限り、なだらかな緑の丘陵、大草原。あちこちで羊が群れて、緑の草を食む。私は草原を歩いた歩いた、時間の限り歩いた。

煙の昇る包の前を通りかかると、中へどうぞと誘ってくれた。彼女はミルクを沸かしていたところで、私に熱いのを一杯振る舞ってくれた。羊のミルクは初めて。牛乳とは少し違った味わいだが、寒さに凍えそうな私にとってこんなに有難いことはなかった。最高に美味しかった。

カザフ族の民は皆、毛糸のセーターを着込み厚着をしている。寒いはずだ。

午後五時過ぎ、人民公園に帰ってきた。張さんに礼を言って、新華南路の中国国際旅行社ＣＩＴＳがある華僑賓館に向かった。

ＣＩＴＳで八月十日の西安行き切符を予約した。硬臥舗は多分無理だろうと、軟臥舗で申請した。

宿に帰り、シャワーを浴びて寝ようとベッドに寝転んだが、まだ陽は沈まない、西の空が茜色に染まりかけた夕暮れのウルムチの町を少し歩きたい気分になって、見るからに静かそうな解放北路をブラついた。取り立ててコレというものもなく、見た通り、音のない賑わいのない解放北路だった。

八月九日。ゆっくりとした目覚め。

十時を過ぎて西大橋から七路バスに乗り、南へ。動物園の手前、勝利路でバスを降りて、擦れ違う二、三人の漢族に聞きながら、新疆八路軍記念館に着いた。

外見は中国建築に似つかわしくない、チョコレートとミルクコーヒーを固めて作ったような四角いお菓子の家風。説明書付きで五角の入場料を支払って中に入ると、名簿に住所氏名を書くように言われて、どうしよう！　五角は中国人料金、考えるゆとりなく〝陝西師範大学、何珠江〟と書いた。一般の中国人の苗字は一文字。河と何は同じ発音で、苗字の〝何〟はあるが〝河〟はないような気がして、村を省いて〝何珠江〟の名で書いた。珠江は広東省広州に流れる河、船が行き来するそこその大きさの河、中国人の名前にあってもおかしくないだろう。ここでも私は大きなウソを残してしまった。

今もこの時の名簿が保存されているのなら、もう一度この目で確かめてみたいものだ。いい加減に書いた名前だが、私はとても気に入っている。

毛沢東の弟、毛沢民がこのウルムチで犠牲《シション》したと記したものがあった。

新疆八路軍記念館は坂の上にあり、ここから勝利路をゆっくり歩いて下り、解放南路や新華南路、団結橋から南門まで歩いた歩いた。バザールの規模はカシュガルに及ばず小さいし、客あたりもさほど活気なく単調で、売れても売れなくてもの商売振り。もう一つギクシャクしたものを感じたのは私だけかな。それは、ウイグル族の漢族に対する区別というか差別というか敵意というか、また逆に、漢族のウイグル族に対する目も同じ。

歩く通りには、大小のモスクがかなりある。中を覗いてみようと、門をくぐりかけたところで呼び止められ、中に入ってはいけないと諭される。

午後四時頃、大きなモスクの前に来た。丁度礼拝が終わったらしく、中からゾロゾロ途切れなく人の波。混雑するモスク前で写真を一枚、一、二歩、門に向かって歩き出すとウイグル族のヒゲのおじさんにまたまた呼び止められ、中に入ってはいけないと言って、私の足を指さした。私は「??」。側にいた別のウイグルおじさんが私に言った。イスラムは短パンはいけない、素肌素足を見せてはいけない、だから入ってはいけない、ガンガン言われてしまった。

追い立てられるようにモスクを離れ、また歩いた。道端に珍しい床屋を見つけた。露天床屋。ペンキの剝げた廃品回収行きを思わせるような鉄パイプ製の折り畳み式椅子、背凭《せもた》れ部分に頭を支える棒を取り付けてある。あるのは椅子と客の胸前を覆う一枚の布と床屋が持つカミソリだけ。客はその椅子で静かに出来上がりを待つ。床屋はカミソリ一本を巧みに操り、仕上げていく。どこの国も、職人芸とはよく言ったもの。素晴らしくうまい商売だ。

どんどん歩いて二道橋市場まで来ると、いきなり葡萄の山。トルファン名物、マスカット色の马奶子葡萄、ウイグル族独特の金糸銀糸の布地やスカーフ、ピアス、指輪、ブレスレット、ブローチ、ネックレス、カチューシャなど装飾品、何も彼《か》もド派手にピッカピッカ光り輝いている。靴、英吉沙ナイフ、絨毯の店もズラリ軒を並べている。

鰻の寝床ではないが一間間口の店に入っていくと、次から次へと第二第三の店へと繋がり続く、モグラの巣状態、おまけに地下商場（地下街）まであって、東京や大阪の地下街に迷い込んだ錯覚を覚えた。

店主の不愛想無表情が気になったが、十歳くらいの子供が愛嬌振り撒いてうまく客あしらいをするのには恐れ入った。

地下商場を出た所は、モスクの入り口になっていて、私がウルムチで見たモスクの中で一番大きいもの、モスク内には土産物の屋台が並び、アンバランスな面白さがあった。

二道橋市場の別の通りを歩くうち、シシカバブーの香ばしい焼肉の匂いに誘われて腹の虫が鳴きだし一串二角を五串。残念ながら好香（良い香り）とは違って、肉が硬くて美味くない。選んだ屋台が悪かったと諦め、一角のお茶で舌を新たに。さらにナンを二角五分で買って食べ歩き、羊肉餃子を見つけ二十個一元六角をペロリ平らげ、市場を出た。

古めかしい清真寺を見つけた。回族の回教寺院だ。中を覗くと、白い帽子を被った回族が集まっている、礼拝が始まるのか、彼らの目が私を拒み、寄せ付けない、私はさっきのモスクでのことを思い出し、いかんいかん彼らの聖域を侵しては、彼らの聖なる儀式信仰を邪魔しては。

清真寺入り口石段で子供たちがワイワイガヤガヤ。私が話しかけると、回族であろう一人の男の子が「あんたは何族？」

「モンゴル族」

「ちっとも似てない、どうしてモンゴル族の服を着ていないいんだ？」

「内モンゴルへ帰ると私の服がある、この次来る時は、モンゴル族の服を着てくるから」

私は咄嗟にこう答えてしまった。またまたウソをついた、ましてや相手は子供たち、自分の不真面目さに呆れてしまう。恥ずかしい。心でゴメンを連発しながら、再見！　再見！　と、その場を離れた。

今振り返り、あの時の自分の姿を思い浮かべると、子供の突っ込みにアタフタうろたえ、動悸は激しく、青くなった顔をかくし、化けの皮が剝がれる前に退散とばかり逃げたに違いない。

三十年過ぎた今日、もうこんな子供だましのようなウソは通らない。

また歩いた歩いた。民族商場、文物店、美術工芸店と安い物高い物ピンからキリ、同じ品物でも店により値段が違う。気に入った銅製の魔法のランプ風の水差し、一つしかない。土台の造りが悪く、不安定で不良品で残っているらしかった。それでも欲しいと思って、その場にしばらく立って眺めていた。迷った挙句、後ろ髪をひかれながら結局買わずに店を出た。

午後六時五十分。華僑賓館CITSに予約していた十日の切符をとりに行った。希望した直快一四四次ウルムチ二十時二十分発西安行きはとれず、特快九八次ウルムチ九時二十五分発鄭州行きになった。勿論、軟臥舗、二百九十元。因みに硬臥舗なら百五十二元。十日夜発の計算だったので、朝の出発は一日予定が狂った。

二泊三日の車中の食べ物準備に、また商場までひと歩き、好きなバターロールのパンがなく、スティック状あんぱん、インスタントカップラーメン、ハミ瓜、葡萄、胡瓜酸辛味を買い込んだ。

砂の大地、シルクロード一人旅の打ち上げにと、宿近くのこぢんまりした飯店で、麻婆茄子とピリ辛胡瓜を肴にビール一本で我に乾杯。よく動いてくれた二本の足に感謝した。

新疆最後の夜、ウルムチ最後の夜、嬉し楽し半分、寂し悲し半分。けれど満足充実した。幸せは計り知れず全身に満ち溢れていた。この時の冷えたビールの喉越しの良さは忘れることはない。実に美味いビールだった。

竹内さんが店に入ってきてビックリ、初めて出会ったのは敦煌、二度目はトルファン、三度目はカシュガル、そして今日四度目はウルムチ。いつも私がその土地滞在最後の日。これも何かの縁と、夜十二時頃まで長い旅の話に花を咲かせ別れた。彼女の旅はまだまだ続く。

四　特快九八次　ウルムチ―西安

八月十日午前六時。隣のベッドに寝ていた我が儘勝手なフランス人がガタガタ出ていった。ゴロゴロしていた私も起きて、ハミ瓜で朝食。ハズレなく甘いハミ瓜だった。

重さの増した荷物の整理をして、いつもの格好で賓館を出た。午前七時五十分。細い雨が降っていた。寒い。砂漠の雨は冷たい。市内バスでウルムチ駅に向かった。

自分の切符が軟臥舗であることをすっかり忘れ、一般の待合室にいた。贅沢な軟臥舗を使うことはめったにない、慣れないことをするとこうなる。荷物検査が始まって、係員が来てハタと自分の切符が軟臥舗であることに気付き、軟臥舗の待合室を聞いた。

二階、トントン上がったものの入り口に頑丈な鎖がしてある。ガラス戸をドンドンバンバン叩いた、何度も叩いた。やっと中から係員が出てきて、待合室が開いた。

中国では硬座、硬臥舗と軟座、軟臥舗の待合室が違う。私が一番乗りした待合別室は広々として清潔に掃除されていた。フワフワソファーがセットされていて、テーブルにはお茶の用意がしてあって好きに飲むことができる。

二人、三人と増え、十人を越えた。

三十分ほど待った。係員が一人一人切符確認、火車乗車案内で私たち軟臥舗の者は、特快九八次火車が停車しているホームに出た。

通勤ラッシュなみの殺人的混雑から解放され、のんびりゆったり不用心に火車に乗り込むなど、味わった者のみぞ知る極楽。

七号車軟臥舗乗車口では車掌が待っていて、再度切符のチェック。乗客の切符は全て車掌が管理、引き換えカードをくれる。

十一号室に入った。一番乗り。私はドアを入って、右下のベッドに腰を下ろした。

糊の利いた真っ白なベッドカバー、シーツ、毛布、タオルケットと枕、窓には白レースと青緑地布の二重カーテン、窓から突き出た小テーブルには、ビニール製だが白レース模様のテーブルクロスが敷いてある。その下には二本の魔法瓶をセット、熱湯満タン。

ああ天国。緊張が解けた一瞬だった。

いつものように窓側に黒カバン、その上に黒リュックサックと買い込んだ食料を置いた。葡萄だけは小テーブルの上に置いた。

続いて老人が入ってきた。私はニィーハオと挨拶すると、老人もニッコリ頷きながら私と向かい合って窓際に座った。

発車時間の九時二十五分が近づいた。もう誰も来そうにない、上下二段あるベッド、四人部屋の軟臥舗は、私と老人二人だけで出発かと思いきや、おじさんが一人、入ってきた。彼は私の上のベッドに荷を置き、私の横に座った。さあ、あと一人来るかな？　来ないかな？

十一号室は三人のまま、特快九八次火車は定刻の九時二十五分にウルムチ駅を発った。細い雨はまだ止むことなく降り続いていた。

一時間も走らないのに、左右の車窓はガレキのゴビ砂漠。熱いお茶を飲みながら、食べ残しのナンとスティック状あんぱん、葡萄で少し早い昼食、いつの間にか雨は止んで太陽が高く輝いていた。

午後十二時十五分トルファン駅に着いた。七月十三日早朝、暴風雨に見舞われた暗闇のトルファン駅に降りた時のことを思い出した。あれから一ヶ月近くになるんだなあ、つい昨日のことのようなのに。

老人は香港から来たと言った。若い頃に香港へ移ったらしく、好きで好きでたまらない祖国大中国、中国大陸が懐かしくてたまらない様子だった。

この後の予定は、甘粛省蘭州で下りて青海省西寧から火車かバスでゴルムドへ行き、ゴルムドからバスでチベット自治区ラサへ向かうと言う。うまくラサに入ることができたとしても、これからだと少なくとも一週間はかかるだろう。

特にゴルムドからラサへは山越えがあり、数ヶ所の検問もあってなかなか困難だと聞いていた。現に私の知人もゴルムドまでは行ったものの、追い返されラサ入りを諦めざるを得なかったと言っていた。だがもう一人の知人は時期の違いもあってか、ラサの地を踏むことに一度は成功した、が、その時のラサの風が忘れられず、その後、二度三度と挑戦したものの毎回追い返されたと言っていた。

私の横に座っていたおじさんは、北京から出張で新疆ウイグル自治区に来ていたという。香港老人の計画を聞いて、不可能だ、行かない方がいいと予定変更を勧めたが、老人は聞く耳持たず、ガンとして、行ってみると言い張った。

老人は定年退職して後、毎年一定期間、カメラ片手に中国全土を一人旅しているらしい。疲れた様子など微塵もなく、一人旅が楽しくて楽しくて仕方がない風だった。写真はかなりの腕らしく、器材で埋まったカバンと真っ赤な小さなリュックサック一つ。素足には私と同じ黒の布靴、一人香港を出て一ヶ月半が過ぎたと言う老人の小さな身体から幸せが溢れていた。私は老人がこれからも元気でいい旅を続けてほしいと願った。

トルファンを定刻に出発、火車はまた、石コロ戈壁を東へ走る。真昼の天空にあった太陽は、厚い灰色の雲に隠されてしまった。辺りが薄暗くなったと思った途端、また雨が落ち始めた。

ウルムチを雨で離れ、トルファンをまた雨で離れ。砂漠に降る不思議な雨は、なんとなくせつなさを連れてくる。雨に叩かれた戈壁《ごび》砂漠は雨煙に隠されて何も見えない、雨の足音だけが、微《かす》かに響く。

♪雨は空の涙、涙は心の雨♪

昔々、こんな歌があったよな。つい口をついてでた。若かった。

ベッドに寝転ぶ。時折窓を叩く雨音リズムが、耳に心地良く優しいメロディーを奏でる。大自然の子守歌、私は知らず知らず夢の銀河を渡ってゆく。

午後六時。夕食の準備が整ったと車内アナウンスが流れた。中国火車食堂メニューも味わうべし、何事も体験、食堂車へ行くと、白いテーブルクロスの上に可愛い花を生けたテーブルが十数個並んで清潔度満点、利用する客も結構多いらしく、すぐ満席になった。

市中に比べ、どの料理も量は少なく値段は高い。私はいつものように肉気を避けて、野菜メニューを選んだ。味？　いま一つ。

予定より三十分遅れの午後八時、ハミに着いた。雨の欠片もない晴れ渡った青空、ハミ瓜売りが売り声をあげながらホームを行き来する。

柳園からトルファンへ向かう火車では、真夜中に通過したハミの町、駅の規模はかなり大きい。町の中心までは少しかかるらしい。予定では、ここハミの町にも立ち寄るはずだったのだが。チョッピリ残念！　記念に香港老人と〝哈蜜《ハミ》〟と漢字で書かれた駅名の下で写真の撮り合いをして、火車に戻った。

少し神経質っぽい北京のおじさんが、安い！　五元で買った！　と言って、ラグビーボールほどのハミ瓜を三個抱えて部屋に入ってきた。彼は早速、一個を三等分して香港老人と私に差し出した。私たち二人は遠慮なく頂戴、甘い甘いハミ瓜に三人して舌つづみ。

午後九時五十分日没。ここはもう新疆ウイグル自治区の東の端、もうすぐ甘粛省に入る。私の上の北京おじさんも、向かいの香港老人も眠ってしまったようだ。


八月十一日。どんより薄曇りの空の下、放牧された羊の群れが緑草を食む。金色に色づいた麦は刈りとられ、束ねた麦藁で無数の小山を作っている。

釈迦牟尼涅槃仏《しゃかむにねはんぶつ》の張掖を午前十一時半過ぎ、身震いした薄暗い漢墓の武威を午後五時過ぎ、真っ黒の火車は黒煙を大空に朦々《もうもう》噴き上げ、四十日前、西へ走った同じ線路を東へ東へ走る。

西の空がキレイな茜色に染まり始めた。東北出身のおじさんが、写真を撮るように勧めてくれた烏鞘嶺《ウシャオリン》を、今日はそろそろスピードをあげながら下って走る。

暗闇を走り続け、火車は真夜中の零時四十五分、蘭州に着いた。香港老人はカメラ器材の詰まったカバンと赤い小さなリュックを持ってサヨナラ、再見！　して行った。私は老人のチベット、ラサへの旅の無事成功を祈った。

八月十二日。ゆっくりした目覚め。火車は一路東へ、七月四日、旅立った西安へ向けひた走る。
午後十三時十五分、西安到着。

ウルムチ―西安　二五六八キロメートル、二泊三日、二百九十元

私のシルクロード一万キロメートル四十日の旅は幕が下りた。

私、四十一歳。夏。
出会った人々にありがとう！
中国大自然にありがとう！

あの日から三十年という長い長い時間が流れた。中国は大きく変化し、かつて私が歩いたシルクロードは、もう、今はない。夢旅の世界になった。

あとがき

西安到着その日に、広島県出身だという女性に出逢った。彼女との出逢いがなければ、今日も日々練功する貴重で希有《けう》な〝気功法〟「導引吐納気功」に辿り着くことができなかった。また、中国全土ひとり歩き旅に一歩踏み出せたのも、常に前向きな姿勢を崩さず、現在《いま》を全身で楽しむ彼女から学び得たこと、今日《こんにち》の私の土台を築いて頂いた、ありきたりの感謝の言葉では、とうてい言い尽くせないほど、とてつもなく大きな宝を私に与えて下さった。しかし二〇一八年の賀状が私の元に返送され、音信が途絶えた。

もうお一方《ひとかた》、忘れられない方がいる。一九九〇年六月、詳しくは分からないが、彼は映画の音声関係の仕事に就いておられるとかで、中国映画関係の方々と技術交流のため西安入りしているらしかった。〝今、西安空港に、張芸謀《チャンイーモウ》監督他数人映画関係者がいる、もし逢いたいなら連れていって紹介してあげる〟と誘ってくれた。超有名な監督。俳優でもある。問答無用、準備してくれた車に飛び乗った。ご本人を目前に恐る恐る「你好」と握手、サインを、と思うも、慌てて来たので何も持たず。が、A4サイズの白封筒を何故か手にしていて、かろうじてその封筒にサインを頂いた。芸術的な素敵なサインだ。同行の四人の方にも頂いた。ご存じない方のために、張芸謀監督とは、北京オリンピック開会式総監督を務めた人。この素晴らしい私の一生の宝物を与えてくれた彼とは、その後二度と逢うことはなかった。

二〇一五年四月。「ネパール地震エベレスト雪崩《なだれ》発生、中国映画撮影隊、まきこまれた日本人一人死亡」のテレビニュース。私の脳裏を一瞬、彼の顔がよぎった。まさかまさかありえないと否定しつつ、続くニュースに彼の名前が流れ、顔写真が画面に写った。あの日から二十五年の時間が流れ、少しふっくらしていたが正に彼だ、間違いない。アルバムに残した唯一の写真を前に、その職を全うした彼のご冥福を心から祈った。数えきれない感謝を、この一冊を通し、見知らぬ国で私の心のよりどころとなってくれたお二方《ふたかた》に届けたく思う。

西安で前向きに頑張れたこと、前述のお二方に声を大にして「ありがとう」。西安はじめシルクロードの行く先々で出逢い、見知らぬ私に、優しく手を差し伸べ助けてくれたお一人お一人に心からの「ありがとう」。

悠久の大地、中国大自然に「ありがとう」。多くの感動を「ありがとう」。

著者プロフィール
河村 珠江（かわむら たまえ）
1950年1月生まれ。
愛媛県出身。
1997年、かわむら鍼灸院開業。現在に至る。
鍼灸あん摩マッサージ師、太極拳・導引吐納気功指導。

シルクロード 女ひとり旅日記

2020年3月15日　初版第1刷発行

著　者　河村 珠江
発行者　瓜谷 綱延
発行所　株式会社文芸社
〒160-0022　東京都新宿区新宿1－10－1
電話　03-5369-3060（代表）
03-5369-2299（販売）

印刷所　株式会社フクイン

ISBN978-4-286-21366-8